007

팸플릿 007

PM10, PM2.5의 위험성과 대책

굿바이! 미세먼지

남준희·김민재 지음

한티재

차례

| 3장 |

미세먼지를 어떻게 줄여 나갈까?

| 여는 글 |

요즘 들어 미세먼지가 가득한 날이 많습니다. 몇 년 전부터 미세먼지 농도가 떨어지지 않는 데다, '미세먼지 나쁨' 예보나 주의보가 울리는 고농도 경우도 잦아지고 있습니다. 서울과 수도권만 미세먼지가 많은 게 아니라, 강원도나 제주도처럼 공기가 좋을 것 같은 지역에서도 미세먼지 주의보나 경보가 내려지곤 합니다. 겨울과 봄철 내내 일상이 되어버린 미세먼지 문제는 이제 언론의 단골 뉴스입니다. 외출을 할 때면 일기예보와 함께 미세먼지 예보도 챙겨야 하는 시대가 된 것입니다.

이 책은 미세먼지로 불안해 하는 시민들에게 이야기를 건네고자 하는 시도입니다. 미세먼지가 무엇인지, 우리 몸에는 어떻게 나쁜지, 정부는 이런 상황이 되도록 무엇을 해왔는지 살펴보고, 앞으로 어떻게 해야 할지 함께 이야기해 보려 합니다.

첫 장에서는 미세먼지가 무엇이고, 어디서 생겨나는지, 우리 몸에는 어떻게 나쁜지를 살펴보겠습니다. 2장에서는 대기오염 문제에 대한 정부의 대책을 중심으로 간략한 역사와 한계를 정리했습니다. 수도권 대기환경 1차 기본계획(2005~2014년), 2차 기본계획(2015~2019년)과 함께 최근 발표된 미세먼지 특별대책(2016년 6월)이 어떤 내용을 담고 있고, 한계가 무엇인지, 어떤 논쟁이 있었는지를 정리했습니다. 3장에서는 미세먼지 저감방안에 대해 정당들의 대책을 살펴보고 저자들의 제안도 덧붙이려 합니다.

미세먼지 문제는 단기간에 쉽게 해결되기 어렵습니다. 도로에 자동차는 계속해서 늘어나고 있고, 신차 중 절반은 경유차입니다. 화력발전소도 문 닫는다고 한 것보다 더 많이 지어지고 있습니다. 오염물질을 배출하는 사업장에 대한 실태조사도 여전히 부족합니다. 중국발 미세먼지는 차차 줄어들겠지만 한동안은 계속 날아올 것입니다. 그래도 비관하지 않고 무언가 해보자고 이렇게 이야기를 건네 봅니다. 당장 무엇부터 하면 좋을지 이 책이 조금이라도 길잡이가 되기를 기원해 봅니다.

1

미세먼지,
너 누구냐?

먼지보다 더 작은 먼지

햇살 좋은 날, 창가에 앉아 있으면 새어드는 햇빛 사이로 먼지가 떠다니는 게 보이곤 합니다. 이렇게 눈에 보이는 먼지는 우리에게 친숙한 존재입니다. 물론 먼지를 많이 마시면 바로 기침이 나고, 몸에 좋지 않다는 것도 경험을 통해 알고 있습니다. 그래서 먼지를 없애려 청소를 하면서 면 마스크를 쓰기도 하고, 갑자기 흙먼지가 일면 옷소매로 입과 코를 막기도 합니다.

얼마 전부터 미세먼지와 초미세먼지라는 말이 우리 일상으로 들어왔습니다. 이 작은 먼지는 눈에 보이지도 않는다고 합니다. 미세먼지가 건강에 나쁘다고 해서 마스크를 쓰려 해도, 예전에 쓰던 면 마스크로는 막을 수가 없습니다. 식품의약품안전처에서 주는 KF Korea Filter 인증을 받은 마스크를 더 비싸게 주고 사서 써야 하니 답답하게 느껴집니다.

미세먼지와 초미세먼지가 갑자기 우리 일상 속으로 들어

왔다고 느껴지는 게 이상한 일은 아닙니다. 한국에서 초미세먼지에 대한 대기환경기준이 시행된 게 불과 2015년의 일이니 말입니다. 이전에는 총먼지라고 해서 먼지 전체에 대해서 환경기준이 있었습니다. 미세먼지에 대한 기준은 1995년에 들어서야 만들어졌고, 2001년에 들어서야 총먼지 기준을 없애고 미세먼지를 주로 관리하기 시작했습니다. 더 작은 먼지가 위험하다는 게 널리 알려지고, 정부의 노력이 집중된 게 21세기 들어서입니다. 우리가 이제야 미세먼지와 초미세먼지를 심각하게 여기기 시작한 게 어떻게 보면 당연한 일입니다.

미세먼지와 초미세먼지의 가장 중요한 특성은 이들이 매우 작다는 겁니다. 보통 마스크로 막기 어렵고 건강에 매우 나쁜 미세먼지와 초미세먼지가 이제야 널리 알려진 것도, 이들 먼지가 매우 작기 때문입니다. 그렇다면 미세먼지와 초미세먼지는 얼마나 작은 걸까요? 이렇게 작은 먼지는 어디서 어떻게 만들어지는 걸까요? 지금부터 이 의문을 같이 풀어나가려 합니다.

먼저 백사장의 모래에서부터 시작해봅시다. 백사장에서 본 고운 모래 한 알 한 알은 무척 작습니다. 이런 모래 한 알의 지름이 약 0.1밀리미터입니다. 정확히는 평균 90마이크로미터(=0.09밀리미터)라고 합니다. 마이크로미터(㎛)는 일상에서 친숙하지 않은 단위입니다만, 모래알부터 시작해서 천천히 들어가 보겠습니다. 참고로 우리 머리카락의 지름이 50~70마이크로미터라고 합니다.

이제 손에 쥔 모래알을 떨어뜨려 봅시다. 보통 바람이 강하게 불지 않는 이상 모래는 바로 바닥으로 떨어집니다. 먼지처럼 날아다니려면 좀 더 가볍고 작아야 합니다. 물론 무게에 따라 1,000마이크로미터(1밀리미터)의 지름을 가진 먼지도 있지만, 보통 50~70마이크로미터보다 크면 바로 가라앉습니다. 봄철에 하늘을 떠다니는 꽃가루도 15~75마이크로미터 정도의 크기입니다. 예전에 총먼지 기준이 있을 때에는 총먼지를 50마이크로미터 이하의 크기를 가진 입자로 정하기도 했습니다.

총먼지를 규제한 이후 점차 작은 먼지일수록 건강에 더 나쁘다는 게 여러 연구를 통해 알려지기 시작했습니다. 보통 지름이 10마이크로미터보다 큰 먼지는 건강에 대한 영향은 크지 않다는 게 밝혀진 것입니다. 이보다 작은 먼지를 분류할 필요가 생기자 지름 10마이크로미터 이하의 먼지를 'PM10' 혹은 미세먼지라고 부르게 되었습니다.

이후 계속되는 연구들이 더 작은 먼지가 더 나쁘다는 걸 밝혀내면서 10마이크로미터보다 더 작은 지름을 가진 먼지도 분류되기 시작했습니다. 지름 2.5마이크로미터 이하는 미세먼지와는 별도로 분류해 'PM2.5' 혹은 '초미세먼지'라고 부릅니다. 최근에는 극미세먼지PM0.1나 나노먼지PM0.05로까지 분류하기 시작했습니다. 나노먼지는 지름이 50나노미터(0.05마이크로미터) 이하이니 나노먼지라 불릴 만합니다.

그렇다면 미세먼지나 초미세먼지는 지름 50마이크로미터의 먼지보다 5분의 1 혹은 20분의 1 정도 작은 걸까요? 아닙니다. 답부터 말하자면 지름 50마이크로미터의 먼지에 비해 미세먼지는 100분의 1, 초미세먼지는 10,000분의 1 수준으로 작다고 생각해야 합니다. 이는 먼지 알갱이가 공과 같이 부피를 가진

먼지와 미세먼지

대기환경보전법상 '먼지'는 '대기 중에 떠다니거나 흩날려 내려오는 입자상물질'을 말합니다(제2조 정의 제6항). 여기서 '입자상물질'이란 '물질이 파쇄·선별·퇴적·이적(移積)될 때, 그 밖에 기계적으로 처리되거나 연소·합성·분해될 때에 발생하는 고체상(固體狀) 또는 액체상(液體狀)의 미세한 물질'을 말합니다(제2조 정의 제5항).
'미세먼지'란 말 그대로 미세한 물질로서 지름(직경)이 10㎛ 이하의 입자상물질을 일컬으며 'PM(Particulate Matter)10'이라고도 부릅니다. 지름이 2.5㎛ 이하의 미세먼지를 따로 초미세먼지(PM2.5)로 부르기도 합니다.
2017년 3월, 환경부에서는 미세먼지(PM10)를 부유먼지로, 초미세먼지

입자 덩어리이기 때문입니다. 지름이 10배 차이 나면 부피는 그 세제곱인 1,000배 차이가 나기 때문입니다.

우리에게 친숙한 물건으로 바꾸어 말하면 조금 더 이해가 쉬울 것 같습니다. 큰 먼지가 승용차만 하다면, 초미세먼지는 그 옆에 놓인 야구공만 합니다. 나노먼지는 야구공 아래에 놓인 유리구슬 정도의 크기로 비유할 수 있습니다. 우리의 콧속에서 큰 먼지는 털을 통해 걸러집니다. 코와 목 안에 있는 점액에 잡히기도 합니다. 하지만 미세먼지, 초미세먼지, 나노먼지는 이런 방어망을 피해 몸 깊숙이 들어올 수 있습니다. 야구공이나 유리

(PM2.5)를 미세먼지로 용어 변경을 추진한다고 발표하였습니다. 다른 나라와 용어 불일치가 있고, 정책 공조에 어려움이 있다는 게 주된 이유였습니다. 국내에서 이미 미세먼지와 초미세먼지 용어가 쓰인 지 오래되었고, 최근 몇 년간 언론 보도를 통해 시민들도 이 용어에 익숙해져 있습니다. 새로운 용어 도입이 혼란을 불러올 수 있습니다. 게다가 국제회의나 문서에서도 미세먼지나 초미세먼지가 아니라 PM10, PM2.5로 표기된다는 점에서 용어불일치나 정책 공조의 어려움도 변경의 이유로 납득하기 어렵습니다.
정책 실패에 따른 시민들의 불신이 크고 미세먼지 고농도에 따른 불안이 커지고 있는 상황에서 용어를 바꾸겠다고 나서는 것은 고등어 구이 소란처럼 여겨질 수 있지 않을까요? 미세먼지 정책을 다듬고 집행하는 데 전력을 다해야 할 때입니다.

구슬이 작은 도랑이나 하수구 구멍에 빠지듯이 우리 몸속 깊숙이 침투할 수 있는 것입니다.

미세먼지는 어떻게 만들어지나

먼지는 자연적으로 발생하기도 합니다. 흙먼지나 황사처럼 흙, 모래가 바람에 날려서 먼지가 일기도 합니다. 꽃가루나 바다 소금 입자같이 주변 환경에 의해 생기는 먼지도 많습니다. 이런 먼지들은 대부분 그 입자 크기가 10마이크로미터 이상의 상대적으로 큰 먼지들입니다. 한편, 미세먼지나 초미세먼지는 대부분 인간의 활동으로 만들어집니다.

미세먼지와 초미세먼지가 생겨나는 원인에도 차이가 있습니다. 미세먼지는 주로 물체 간의 마찰로 인해 생겨나고, 무언가를 태울 때도 생깁니다. 제조업 공장에서 재료를 자르거나 가공하는 과정에서 생겨나는 먼지나, 자동차가 도로를 달리면서 바퀴가 마모되며 생겨나는 먼지들은 그 크기가 대부분 2.5마이크로미터 이상입니다. 나무를 태울 때 나오는 재도 이 정도 크기입니다.

초미세먼지는 이런 물리적인 마찰보다는 고압 고열에서 무언가를 태우거나, 화학적 반응으로 많이 생겨납니다. 예컨대 자동차는 주요한 초미세먼지 배출원입니다. 자동차에 장착된 내연기관인 엔진은 수백 도가 넘는 고온과 우리가 평소에 느끼는 대기압의 수십 배에 달하는 고압으로 휘발유나 경유를 태웁니다. 그 과정에서 질소산화물^{NOx}이나 황산화물^{SOx}과 함께 탄소입자(OC나 EC) 등등이 뿜어져 나옵니다. 이렇게 나온 질소산화물이나 황산화물 중 일부는 여러 과정을 거쳐 초미세먼지가 됩니다.

이렇게 인간의 활동에 의해 만들어지는 미세먼지와 초미세먼지에 대한 대책을 세우기 위해서는 정확히 어떤 분야에서 얼마나 만들어지는지를 알아야 합니다. 국립환경과학원에서는 이를 위해 매년 국가 대기오염물질 배출량을 조사해 보고서를 발표하고 있습니다. 가장 최근인 2015년 12월에 발표된 '2013 국가 대기오염물질 배출량'을 한번 살펴보겠습니다. [표1]은 미세먼지와 초미세먼지가 어디에서 발생하는 것인지를 보여주고 있습니다.

표에서 '도로이동오염원'은 도로 위로 이동하는 오염원으로, 내연기관이 달린 자동차를 말합니다. 우리가 타고 다니는 휘발유, 경유, 가스 승용차나 버스가 바로 도로이동오염원입니다.

[표1] PM10과 PM2.5 배출원 (2013년)

	PM10		PM2.5	
	배출량(톤)	비율(%)	배출량(톤)	비율(%)
에너지산업연소	4,524	3.7	3,573	4.7
비산업연소	1,955	1.6	1,226	1.6
제조업연소	81,014	66.6	41,606	54.2
생산공정	6,249	5.1	4,829	6.3
도로이동오염원	12,103	10.0	11,135	14.5
비도로이동오염원	15,167	12.5	13,953	18.2
폐기물처리	243	0.2	202	0.3
기타 면오염원	310	0.3	279	0.4
합 계	121,563	100	76,802	100

출처: 국립환경과학원, 「2013 국가 대기오염물질 배출량」, 2015. 12.

[표2] PM10과 PM2.5 배출원 비교 (2013년)

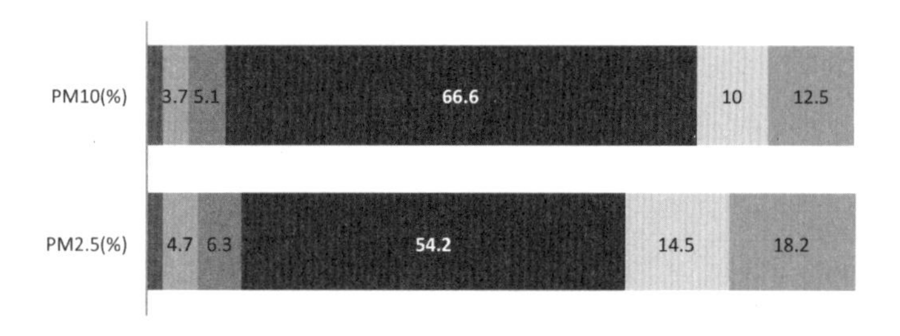

'비도로이동오염원'은 도로가 아닌 곳에서 이동하는 오염원으로서 자동차는 아니지만 내연기관이 달린 것으로, 철도·항공·선박·건설기계·농기계 등이 여기에 속합니다.

이외의 항목은 이름만 봐도 어느 정도 무엇인지 알 수 있으리라 생각합니다. 에너지산업연소는 석탄발전소와 같은 발전소를 일컫는 말입니다. 제조업연소와 생산공정은 제조업 공장에서 연료를 태우거나, 작업공정 중에 발생하는 배출을 뜻합니다. 폐기물처리는 쓰레기를 묻거나 태워 없애거나, 하수도로 흘러 들어온 폐수를 처리할 때 발생하는 배출을 포함하고 있습니다. 기타 면오염원에는 산불, 화재, 가축사육시설에 의한 배출이 들어가 있습니다.

[표2]에서 가장 먼저 눈에 보이는 부분은 제조업연소가 차지하는 비중이 매우 크다는 점입니다. 미세먼지의 경우 3분의 2를, 초미세먼지의 경우 대략 절반 이상의 비중을 제조업연소가 차지하고 있습니다. 생산공정 또한 제조업 공장의 생산 과정에서 배출되는 양을 의미하니, 전국 곳곳의 공장에서 엄청난 양의 미세먼지가 배출되고 있는 걸 알 수 있습니다.

다음으로 많은 비중을 차지하는 배출원은 도로 및 비도로이동오염원입니다. 이 두 배출원을 합쳐서 보면 미세먼지의 경우 약 22%, 초미세먼지의 약 33%의 비중을 차지하고 있습니다.

이는 미세먼지보다 건강에 더 나쁜 초미세먼지 관리에 있어 도로 및 비도로이동오염원에 대한 정책이 중요하다는 점을 시사합니다.

여기서, 도로 및 비도로이동오염원이 배출하는 먼지를 무게(톤)로만 보면, 미세먼지가 약 2만 7천 톤으로 약 2만 5천 톤인 초미세먼지에 비해 더 많습니다. 그러나 훨씬 가벼운 초미세먼지가 미세먼지와 비슷한 무게만큼 배출된다는 것은, 두 배출원에서 나오는 초미세먼지 입자의 수가 미세먼지 입자의 수보다 훨씬 많다는 점을 보여줍니다.

게다가 국립환경과학원 교통환경연구소의 실험 결과에 따르면 경유차 배기가스의 99%가 PM1.0보다 작은 입자입니다. 경유차에서 배출되는 입자들을 한 줄로 지름 크기 순으로 세웠을 때 한가운데 있는 입자의 지름, 즉 중간값이 0.08마이크로미터(80나노미터)라고 합니다. 이는 곧 경유차 배기가스의 대부분이 극미세먼지나 나노먼지라는 점을 말해줍니다.

에너지산업연소는 미세먼지와 초미세먼지 배출에 있어서는 각각 3.7%와 4.7%로 그렇게 커 보이지 않을 수 있습니다. 그러나 석탄발전소는 황산화물이나 질소산화물을 많이 내뿜습니다. 국가 전체 배출량에서 에너지산업연소가 황산화물의 경우 24.1%, 질소산화물의 경우 16.1%를 배출하고 있습니다. 이러한 물질은 여러 과정을 거쳐 초미세먼지를 만들어내기 때문에 석탄발전소 또한 초미세먼지 대책에서 중요합니다.

비산먼지(날림먼지)와 생물성 연소(숯가마, 직화구이 등) 또한 중요한 배출원입니다. 비산먼지와 생물성 연소는 아직 생겨나는 양을 정확히 알기가 어려워 위와 같은 공식 통계에서는 빼놓고 있습니다. 그렇다고 두 배출원이 우리 건강에 주는 영향이 적은 것은 아닙니다. 도시 안과 밖 곳곳에 펼쳐진 공사장에서 나오는 비산먼지와 자동차가 달리며 일어나는 도로 재再비산먼지는 자동차 배기가스와 함께 우리가 생활 속에서 가장 밀접하게 접하는 배출원입니다. 게다가 그 양 또한 매우 많습니다. 미세먼지의 경우 제조업연소보다도 많고, 초미세먼지의 경우 비도로이동오염원보다도 더 많을 것으로 추정됩니다. 생물성 연소 또한 초미세먼지에 있어 서울에서 약 4%, 전국적으로 12% 정도를 차지하고 있는 것으로 추정됩니다.

미세먼지를 발생원에 따라 구분하는 것 외에 발생과정을 통해 구분할 수도 있습니다. 제조업 공장의 굴뚝이나 차량 배기가스 등과 같은 1차 발생원에서 검댕과 같이 고체 상태로 나오는 미세먼지를 '1차 생성 먼지'라고 부릅니다. 1차 생성 먼지는 주로 유기탄소Organic Carbon나 원소탄소Elemental Carbon, 재, 중금속 등으로 이루어져 있습니다.

이와는 다르게 차량 배기가스의 질소산화물^{NO_x} 같은 가스 상태로 나온 물질이 수증기, 오존, 암모니아와 같은 다른 물질과 화학반응을 일으켜 미세먼지가 되는 경우를 '2차 생성 먼지'라고 합니다. 화학반응에 따른 미세먼지의 2차 생성이 중요한 이유는 이러한 2차 생성으로 인한 초미세먼지$^{PM2.5}$ 발생량이 수도권의 경우 전체의 3분의 2에 이를 정도로 높기 때문입니다.

2차 생성 미세먼지가 발생하는 과정은 매우 다양합니다. 먼저 자동차 배기가스와 주유소 유증기에서 배출된 휘발성 유기화합물^{VOCs}이 오존^{O_3}이나 수산기^{OH}와 같이 반응성이 높은 물질과 만나 화학반응을 일으켜 2차 유기입자를 만들어냅니다. 질소산화물^{NO_x}은 높은 온도와 압력에서 발생합니다. 자동차 엔진과 같이 연료를 고온 고압에서 태우면 질소산화물이 많이

검댕

대기환경보전법상 '검댕'은 연소할 때에 생기는 유리(遊離) 탄소가 응결하여 입자의 지름이 1마이크로미터(㎛) 이상이 되는 입자상물질을 말합니다(제2조 정의 제8항). 검댕도 미세먼지의 일종입니다.

[표 3] 미세먼지 성분 구성

	황산염, 질산염 등	탄소류와 검댕	광물	기타	계
PM2.5	58.3%	16.8%	6.3%	18.6%	100%

출처: 환경부, 『바로 알면 보인다. 미세먼지, 도대체 뭘까?』, 2016.

생겨납니다. 질소산화물이 대기 중 오존과 반응하여 질산이 생겨나고, 다시 암모니아와 반응해 2차 무기입자가 발생합니다. 아황산가스도 유사한 경로로 미세먼지를 만들어냅니다.

미세먼지의 발생원을 보셨으니 미세먼지의 성분이 어떤 것인지 대강 짐작하셨을 것입니다. 미세먼지의 성분은 크게, 앞서 보여드린 2차 미세먼지(황산염, 질산염 등)와 탄소류와 검댕, 지표면 흙먼지에서 유래한 광물과 그 외 기타 등으로 구분됩니다. 그냥 흔히 생각하는 흙먼지와는 완전히 다릅니다.

미세먼지의 농도 변화와 예·경보제

미세먼지 농도는 계절별로 큰 변화를 보입니다. 미세먼지와 초미세먼지 농도는 겨울부터 증가하기 시작하여, 황사의 영향을 받는 봄철에 가장 높습니다. 여름이 되어 비가 많이 내리기 시작하면 농도가 감소합니다. 비가 내리면서 미세먼지 등을 포함한 대기오염물질을 씻어 내리기 때문입니다. 가을에도 미세먼지 농도가 낮습니다. 다른 계절에 비해 기상 상황이 좋아 바람이 빠르게 불고, 지역내 대기순환도 좋기 때문입니다. 그러다 다시 겨울이 되면 난방이 시작되면서 미세먼지 농도가 높아집니다.

하루 사이에도 미세먼지와 초미세먼지 농도는 변화합니다. 서울 불광동에서 2007년부터 2010년까지 4년간 매일 시간대별로 측정한 결과는 우리 상식과 어느 정도 맞습니다. 미세먼

[표 4] 서울시 미세먼지 월별 평균농도 (2015년)

(단위: ㎍/m³)

	1월	2월	3월	4월	5월	6월
농도	49	84	71	45	45	35
	7월	8월	9월	10월	11월	12월
농도	30	34	28	44	33	48

출처: 서울특별시 대기환경정보(cleanair.seoul.go.kr).

지와 초미세먼지 농도는 밤 10시 이후 차차 감소하여 출근시간 직전인 오전 7시에 가장 낮은 농도가 됩니다. 이후 출퇴근 시간에 증가하다가, 오후 8시 정점을 찍고 내려옵니다. 초미세먼지는 미세먼지보다는 천천히 올라가고 조금 뒤에 정점을 찍습니다. 이는 질소산화물 등이 시간을 두고 대기 중에서 반응하여 초미세먼지가 되기 때문입니다.

앞서 이제는 총먼지가 아니라 미세먼지와 초미세먼지 환경기준을 두고 관리하고 있다고 말씀드렸습니다. 우리나라 미세먼지 규제기준은 세계보건기구WHO '잠정목표 2'에 해당하는 수치입니다(표5 참고). 환경정책기본법 시행령에서 정한 환경기준상 미세먼지의 경우 연간 평균치 50$\mu g/m^3$ 이하, 24시간 평균치 100$\mu g/m^3$ 이하입니다. 초미세먼지는 연간 평균치 25$\mu g/m^3$ 이하, 24시간 평균치 50$\mu g/m^3$ 이하입니다.

이 환경기준은 정부가 이 정도까지는 줄여보겠다고 정해 놓은 수치입니다. 당장 세계보건기구의 권고기준에는 미치지 못하는 수준이지만 현재 상황을 고려해 정한 수치입니다. 시민의 건강을 지키기에는 조금 부족한 기준인 데다, 2015년 환경기준 달성 현황을 보면 더더욱 마음이 놓이지 않습니다. 연평균 환경기준 달성률의 경우 미세먼지는 65.6%, 초미세먼지는 65%입

[표 5] 미세먼지에 대한 세계보건기구(WHO) 권고기준과 잠정목표

구 분	PM2.5(㎍/m³)		PM10(㎍/m³)		각 단계별 연평균 기준 설정시 건강영향
	연평균	일평균	연평균	일평균	
잠정목표 1	35	75	70	150	권고기준에 비해 사망위험률이 15% 증가
잠정목표 2	**25**	**50**	**50**	**100**	**잠정목표 1보다 6% 사망위험률 감소**
잠정목표 3	15	37.5	30	75	잠정목표 2보다 6% 사망위험률 감소
권고기준	10	25	20	50	심폐질환과 폐암에 의한 사망률 증가 최저 수준

출처: 국립환경과학원, 『알기 쉬운 미세먼지』, 2014.

[표 6] 미세먼지 예보등급

먼지 농도 (일평균)	좋음	보통	나쁨	매우 나쁨
PM10(㎍/m³)	0~30	31~80	81~150	151 이상
PM2.5(㎍/m³)	0~15	16~50	51~100	101 이상

니다. 게다가 일평균(24시간)의 경우 환경기준 달성률은 미세먼지와 초미세먼지가 각각 10.7%, 4.0% 수준밖에 되지 않습니다.

이런 상황에서 미세먼지와 초미세먼지 농도를 미리 예측하고, 실시간으로 측정해서 시민들에게 정확하고 빠르게 정보를 주는 게 필요합니다. 요즘 많은 분들이 스마트폰 앱이나 언론기사, 지자체 문자 등을 통해 '좋음'이나 '보통' 혹은 '나쁨'이나 '매우 나쁨'으로 표시된 내일의 미세먼지 예보를 보곤 하실 겁니다.

그런데 미세먼지 예보제가 전국적으로 시행된 것은 겨우 2014년 2월 이후부터입니다. 미세먼지 예보제는 일부 지자체에서 먼저 시행되다가 2013년 8월부터 시범운영을 거쳐 2014년 2월 6일부터 본 예보가 시작되었습니다. 현재는 전국을 18개 권역으로 나누어서 예보하고 있습니다. 초미세먼지 예보제는 2014년 5월부터 시범운영을 거쳐 2015년 1월 1일부터 본 예보를 시작했습니다. 예보가 '보통'으로 뜨면 일평균 농도가 우리나라 환경기준보다는 낮은 날이라고 보시면 됩니다. 세계보건기구 권고기준에는 못 미칠 가능성이 있지만요.

미세먼지 예보가 미리 알려주는 역할을 한다면, 미세먼지 경보제는 실시간으로 미세먼지 농도를 확인해, 일정 시간 이상 농도가 높으면 경고를 주는 역할을 합니다. 예보제와 달리 경보제

[표 7] 미세먼지 경보 및 주의보 기준

	미세먼지 (PM10)	초미세먼지 (PM2.5)
미세먼지 주의보	150㎍/m^3 이상 2시간 지속	90㎍/m^3 이상 2시간 지속
미세먼지 경보	300㎍/m^3 이상 2시간 지속	180㎍/m^3 이상 2시간 지속

는 각 지자체별로 시행합니다.

미세먼지 예보와 미세먼지 경보 및 주의보 기준은 조금 다릅니다. 미세먼지의 경우, 기상조건 등을 고려하여 대기자동측정소에서 측정된 시간당 평균농도가 2시간 이상 150㎍/m^3 이상 지속되면 미세먼지 주의보를, 300㎍/m^3 이상 지속되면 미세먼지 경보를 내립니다. 초미세먼지는 90㎍/m^3 이상 지속되면 초미세먼지 주의보를, 180㎍/m^3 이상 지속되면 초미세먼지 경보를 내립니다.

예보에서는 일평균을 따진다면 경보제에서는 시간당 평균을 보고, 농도 기준 또한 매우 높습니다. 이 때문에 실제로 미세먼지 주의보나 경보가 울리는 일은 매우 적습니다. '나쁨' 예보에도 민감한 시민들에게는 경보제가 실제 체감과 맞지 않다고 느껴지는 이유입니다.

환경부는 2017년 1월부터 예비주의보를 신설하여 미세먼지에 상대적으로 민감한 어린이, 노인 등 건강 취약계층을 위해 시·도 등 각 지자체의 여건에 따라 별도로 정하여 주의보 발령 전부터 대비할 수 있도록 하였습니다. 하지만 현재 미세먼지와 초미세먼지 측정소가 지자체별로 절대적으로 부족하고 설치 위치의 적절성에 논란이 계속되는 실정에서 지자체가 예비주의보를 별도로 정하여 대비하는 데에는 오랜 시일이 걸릴 것으로 예상됩니다.

건강을 해치는 미세먼지

눈에 보이지도 않는 작은 먼지를 이렇게 연구하고 측정하고 규제하는 이유는 미세먼지가 건강에 매우 위협적이기 때문입니다. 미세먼지가 발암물질이라는 이야기는 언론 등에서 들어보셨을 겁니다. 세계보건기구 산하 국제암연구소IARC는 2013년 10월 17일에 대기오염이 1군 발암물질이라고 발표하면서, 미세먼지Particulate Matter, PM 또한 1군 발암물질이라고 함께 지정했습니다. 국제암연구소는 이전에 벤젠이나 경유차 배기

[표 8] 국제암연구소에 따른 발암물질 분류

구분	주요 내용	예시
1군 (Group 1)	인간에게 발암성이 있는 것으로 확인된 물질	석면, 벤젠, 미세먼지 등
2A군 (Group 2A)	인간에게 발암성이 있을 가능성이 높은 물질	DDT, 무기납화합물 등
2B군 (Group 2B)	인간에게 발암성이 있을 가능성이 있는 물질	가솔린, 코발트 등
3군 (Group 3)	발암성이 불확실하여 인간에게 발암성이 있는지 분류하는 것이 가능하지 않은 물질	페놀, 톨루엔 등
4군 (Group 4)	인간에게 발암성이 없을 가능성이 높은 물질	카프로락탐 등

출처: 환경부, 『바로 알면 보인다. 미세먼지, 도대체 뭘까?』, 2016.

가스 같은 물질이 발암물질이라고 발표한 것에 더해 미세먼지를 발암물질로 지정하면서 여러 대기오염물질이 혼합된 오염된 대기 자체가 발암물질이라고 공언한 것입니다.

미세먼지가 건강에 어떤 영향을 주는지 본격적으로 연구가 이루어진 것은 1990년대 중후반 이후입니다. 미세먼지와 초미세먼지가 건강을 해친다는 실증적 연구 결과는 점점 더 많이 나오고 있습니다. 입자가 작을수록 건강에 대한 영향이 크다는 점

또한 점차 밝혀지고 있습니다. 큰 먼지는 코털이나 기관지 점막에서 걸러져 몸 밖으로 배출됩니다. 하지만 입자가 작을수록 쉽게 걸러지지 않고 기관지를 통해 몸속 깊숙이 들어오게 됩니다.

극미세먼지나 나노먼지에 대한 연구도 진행되고 있으며, 전문가 사이에서는 입자 크기가 작을수록 건강에 대한 영향도 클 것이라는 것이 지배적인 의견입니다. 이는 입자 크기가 작을수록 같은 무게라고 하더라도 표면적이 훨씬 크기 때문입니다. 작은 크기로 인해 세포로의 침투가 쉽고, 표면적이 넓어 세포와의 반응이 더 많이 일어나며, 다른 장기로 이동하는 것도 쉬운 것이 문제입니다.

미세먼지는 천식, 만성기관지염과 같은 호흡기질환뿐 아니라 심근경색, 뇌졸중, 급사와 같은 심혈관계 질환를 유발할 수 있는 중요한 요인으로 지목받고 있습니다. 미세먼지의 가장 1차적인 건강 영향은 기도의 염증입니다. 미세먼지가 들어와 활성산소를 만들어내는데, 이 활성산소는 세포를 손상시키고, 염증반응, 천식, 알레르기성 반응을 일으킬 수 있습니다. 미세먼지는 자율신경계와 혈액에도 영향을 줍니다. 미세먼지가 간접적으로 혈액의 응고인자나 효소에 영향을 주기도 하고, 크기가 매우 작을 경우 직접 혈관으로 들어가 심혈관계 질환을 발생시킬 수 있다고 추정하고 있습니다.

특히 고령자와 어린이, 만성질환을 앓고 있는 환자나 천식 환자는 미세먼지 노출에 민감합니다. 어린이의 경우 폐 기능이 발달하는 단계에서 미세먼지에 노출이 되면 성인이 되어서도 폐 기능에 영향을 받을 수 있습니다. 심장질환이나 폐질환, 당뇨병 환자 등의 경우에도 질환이 없는 집단에 비해 미세먼지에 두 배 이상 민감하다는 연구 결과가 제시되었습니다. 특히 여러 연구 결과들은 기준치 이하의 대기오염이라도 어린이와 같은 민감한 집단이 장기적으로 노출된다면 중대한 영향을 줄 수 있다는 점을 시사하고 있습니다. 고농도에 노출될 경우는 더 말할 것도 없습니다.

대기오염과 미세먼지가 수많은 사람의 목숨을 앗아가고 있다는 것은 다수의 역학 연구에서도 나타나고 있습니다. 가장 먼저 디젤엔진 배기가스를 살펴볼 필요가 있습니다.

세계보건기구 산하 국제암연구소는 2012년 6월 디젤엔진 배기가스를 1군 발암물질로 지정하며, 폐암을 일으킨다는 충분하고 확실한 증거가 있다고 하였습니다. 이는 미국 국립암연구소와 미국 노동안전보건연구소가 지하 광산에서 배기가스에 노출된 1만 2천 명의 노동자에 대해 연구한 결과가 결정적인 증거가 되었습니다. 지하 광산 노동자와 보통 사람들 중에 담배를

피지 않는 사람을 비교했더니, 디젤엔진 배기가스에 노출된 지하 광산 노동자의 폐암 발생률이 무려 7배나 높았던 것입니다. 우리가 경유차 배기가스가 위험하다는 걸 알게 된 것은 수많은 광산 노동자들이 폐암으로 죽어간 대가이기도 합니다.

디젤엔진에서 배출되는 배기가스가 매우 위험하다는 점은 2015년 미국 캘리포니아의 대기위해성평가 보고서(MATES-IV)에서도 다시 한 번 강조되었습니다. 디젤엔진의 배기가스가 전체 대기 독성 위험 추정치의 68%를 차지하는 핵심 동인이라는 결과가 나온 것입니다. 한국의 경우 자동차 중 경유자동차 비율이 미국보다 훨씬 높기 때문에 더욱 우려할 만한 상황입니다. 수도권 지역에서 초미세먼지가 1차 발생원 기준으로는 24%, 2차 발생원을 포함한 기준으로는 29%가 경유차에서 나온다고 하니 경유차가 우리 건강에 주는 해악이 얼마나 큰지 짐작해 볼 수 있습니다.

또한 국제암연구소의 2010년 자료는 대기오염으로 인해 폐암으로 죽어간 이가 전 세계적으로 한 해 22만 3천 명에 달한다는 걸 보여줍니다. 세계보건기구도 2014년 발표한 자료에서 전 세계에서 대기오염으로 죽은 이가 연간 700만 명에 달한다고 보고하고 있습니다. 실내대기오염으로는 430만 명, 실외대기오염으로 사망한 사람이 370만 명이며, 실외대기오염으로 인해 협심증과 뇌졸중으로 사망한 이가 각각 150만 명이나 됩니다. 세계질병부담연구 결과도 비슷한데, 2010년 실외미세먼지로 인해 사망한 이가 전 세계적으로 320만 명이나 되며 국내에도 2만 3천 명에 달하는 것으로 나타났습니다.

환경부의 '제2차 수도권 대기환경관리 기본계획'에서는 지금과 같은 미세먼지 농도가 계속될 경우에 수도권에서만 매년 2만여 명이 더 사망할 것으로 내다봤습니다. 사망 외에도 호흡기질환자는 1만여 명, 기관지염 환자는 80만여 명이 더 발생할 것이라는 게 연구 결과입니다.

갑자기 심장이 멎어 사망하게 되는 급성심장정지도 초미세먼지의 영향을 받습니다. 서울대병원의 연구에 따르면 초미세먼지 농도가 국내기준(일평균 50$\mu g/m^3$)을 넘는 날에는 일평균 10$\mu g/m^3$ 이하인 날보다 급성심장정지 발생률이 13% 높다고 합니다. 이는 국내의 급성심장정지 사망 2만 1,509건과 사망일의 초미세먼지 농도를 함께 분석한 결과로서 초미세먼지가 갑자기 심장을 정지시켜서 사람을 죽게 만들 수 있다는 걸 말해줍니다.

그린피스와 하버드대학교 다니엘 제이콥 교수의 공동 조사는 한국의 석탄화력발전소에서 발생하는 초미세먼지로 인한 건강영향을 살펴보았습니다. 약 3%에 불과한 배출비중에도 불구하고 석탄화력발전소의 초미세먼지로 인해 연간 최대 1,600명이 뇌졸중, 폐암, 심폐질환 등으로 조기 사망하고 있다는 결과가 나왔습니다.

이제 한 해 미세먼지와 대기오염으로 인한 사망자 수는 교통사고 사망자 수보다 훨씬 많은 상황입니다. 연간 교통사고 사망자 수는 한때 1만 명을 넘었지만 지금은 여러 정책을 통해 4천 명 수준으로 줄어들었습니다. 반면 한 해 미세먼지와 대기오염으로 사망하는 사람들은 일만 명이 넘을 것이라 추산됩니다. 실효성 있는 대책이 시급히 필요합니다.

「디젤엔진 배기가스(Exhaust)의 발암성」 (2012. 6. 12. 발표)

세계보건기구(WHO)는 디젤엔진 배기가스를 발암물질 1군으로 분류한다.

[배경과 평가]

1988년 국제암연구소는 디젤 배기가스를 발암물질 2A군으로 분류하였다. 이후 이에 대해 우선적으로 재평가가 필요하다는 의견이 있었다. 다양한 조건에서 디젤 배기가스에 노출된 노동자에 대한 역학적 연구들은 디젤 배기가스의 잠재적인 발암성에 대한 염려를 높였다. 이는 2012년 미국 국립암연구소와 미국 국립산업안전보건연구원이 지하 광산에서 디젤 배기가스에 노출된 노동자들에게서 폐암으로 인한 사망이 증가하였다는 연구 결과로 다시금 주목받았다. 이제 국제암연구소는 디젤 배기가스가 인간에게 발암성이 있다는 것에 대한 충분한 증거가 있다고 결론내렸다. 국제암연구소는 가솔린 배기가스에 대해서는 1989년부터 2B군(인간에게 발암성이 있을 가능성이 있는)으로 분류하고 있다.

[공공의 건강]

수많은 이들이 일상에서 디젤 배기가스에 노출되고 있다. 사람들은 자동차 배기가스뿐 아니라 다양한 교통수단과 발전소에서 나오는 디젤 배기가스에 노출되고 있다. 지금껏 강화된 기준과 기술로 배출되는 미세먼지와 화학물질의 양이 줄었지만, 이것이 건강에 얼마나 양적·질적으로 효과를 발휘했

을지는 더 지켜봐야 한다. 게다가 최신 기술과 기준이 적용되지 않은 연료와 교통수단이 여전히 많고, 이는 특히 개발도상국에 많은 형편이다.

「실외대기오염은 암으로 인한 사망을 일으키는 가장 주요한 환경적 원인이다」 (2013. 10. 17. 발표)

세계보건기구는 실외대기오염을 발암물질 1군으로 분류한다. 실외대기오염의 주요한 성분인 미세먼지 또한 별도로 발암물질 1군으로 분류한다.
대기오염은 기관지와 심장과 관련된 다양한 질병의 원인으로 알려져 있다. 가장 최근의 자료는 2010년 한 해 전 세계에서 22만 3천 명이 대기오염으로 인해 폐암으로 사망했다는 것을 보여준다. 공기는 점차 암을 유발하는 물질의 혼합물로 오염되고 있다. 지금껏 국제암연구소는 실외대기오염을 일으키는 개별 화학물질과 구체적인 혼합물을 발암물질로 평가했다. 이번에는 처음으로 전문가가 실외대기오염을 발암물질로 평가한 것이다.

[Q&A]

Q. 실외대기오염이란 무엇인가요?

실외대기오염은 실외 환경에서 발견되는 오염물질의 복잡한 혼합물을 말합니다. 실외대기오염의 주요한 원천은 자동차 배기가스, 공장의 배출, 석탄발전소 등이 있습니다.

Q. 왜 국제암연구소는 실외대기오염을 평가했습니까?

국제암연구소는 이전에 벤젠과 같은 대기오염의 한 구성물이나 디젤 배기가스와 같은 대기오염 혼합물을 평가해 발암성이 있다고 확정했습니다. 최근의 발표는 대기오염 그 자체와 그 중 일부인 미세먼지(PM2.5와 PM10의 측정이 대기오염을 모니터링하고 역학연구를 하는 데 쓰인다)가 발암성이 있다는 내용입니다. 국제암연구소 내에서는 전문가들이 주기적으로 암을 유발할 수 있는 물질에 대해 무엇부터 평가할 것인지 조언을 합니다. 엔진 배기가스와 같은 대기오염의 구성물질은 이미 발암성이 있다고 밝혀졌습니다. 또한 전체적인 대기오염과 미세먼지에 대한 노출이 폐암을 일으킨다는 증거가 있었습니다. 그래서 실외대기오염에 대해 평가를 하게 되었습니다.

Q. 이런 평가를 하면서 어떤 증거를 살펴보았나요?

5개 대륙에서 수행된 대기과학, 역학, 독성학 분야 총 1,000여 개가 넘는 연구를 살펴보았습니다.

Q. 어떤 종류의 암이 실외대기오염과 관련이 있나요?

기관지와 심장질환 외에 폐암을 일으킨다는 확고한 증거가 있습니다. 방광암 또한 연관성이 있습니다.

Q. 담배와 비교해서 실외대기오염으로 인해 폐암에 걸릴 위험성은 얼마나 큰가요?

중간 정도의 실외대기오염은 간접흡연과 비슷한 수준으로 폐암을 유발할 위험이 있습니다. 높은 수준의 대기오염에 노출된 사람은 가장 낮은 수준의 대기오염에 노출된 사람보다 50% 이상 더 폐암에 걸릴 확률이 높습니다.

Q. 누가 가장 위험한가요?

누구나 대기오염에 노출되고, 모두에게 위험합니다. 더 많이 노출될수록 위험은 더 커집니다. 직업으로 인해 오염에 많이 노출되는 교통경찰, 운전사, 거리판매상은 더 큰 위험에 처할 수 있습니다.

2

앞이 안 보이는 미세먼지 대책

1차 수도권 대기환경관리 기본계획, 미세먼지를 줄이다

서울에서 와이셔츠를 하루만 입어도 옷깃이 새까매진다던 시절이 있었던 것이 기억나시나요? 미세먼지 논란이 있기 이전을 돌이켜보면 서울과 수도권의 대기오염 문제는 오랜 역사를 가지고 있습니다. 많은 시민들이 축제로 즐겼던 2002년 월드컵 개최 당시에도 오염된 공기가 문제가 되었습니다.

2000년대 초반, 대기 상황은 이전보다 나아지긴 했습니다. 2001년 당시 서울의 아황산가스, 일산화탄소, 납 등의 대기 중 농도는 1990년에 비해 적게는 3분의 1에서 많게는 10분의 1이나 줄어들었던 상태였습니다. 하지만 오존과 이산화질소, 미세먼지의 농도는 오히려 증가하는 추세였습니다. 한 가지 문제를 해결해도 다른 문제가 기다리는 셈이었죠.

2002년 월드컵 개최 때 주로 문제가 된 것은 바로 오존 농도였습니다. 1995년 오존주의보 발령일수가 1일이었던 데 비해,

2001년에는 15일로 늘어날 정도로 오존 농도는 악화되고 있었습니다. 월드컵이 6월 한 달간 열린다는 점도 문제였습니다. 오존은 기온이 높고 자외선이 강한 6월에 많이 생겨나, 오존주의보가 6월에 집중적으로 발령되기 때문이었습니다.

당시 정부는 월드컵 경기가 열리는 시기에 오존 농도를 줄이기 위해 여러 강력한 대책을 시행하였습니다. 경기일 전후로 차량 2부제를 실시해 차량의 절반이 운행을 하지 못하도록 했습니다. 쓰레기 소각시설을 쉬게 하고, 발전소도 일부 멈추게 했습니다. 심지어 드라이클리닝 세탁도 자제하게 했습니다.

강력한 대책을 시행한 결과는 훌륭했습니다. 2002년 오존주의보 발령일수가 9일에 불과했던 것입니다. 2001년에는 발령일수가 15일이었으니, 6일이나 줄어든 셈입니다. 하지만 이와 같은 대책을 시행하지 않자 오존 농도는 다시 오르기 시작했습니다. 바로 다음해인 2003년 오존주의보 발령일수는 17일이었습니다. 이후에도 대기 중 오존 농도는 계속해서 증가하여, 2015년에는 오존주의보 발령일수가 무려 33일이나 되었습니다.

2000년대 초 서울의 미세먼지 농도는 세계 주요 도시에 비해 매우 높았기 때문에 이에 대한 대책이 다급히 필요했습니다.

서울지역 연간 미세먼지 평균농도는 1998년 이후 꾸준히 증가하여 2001년에 70㎍/m^3을 초과할 정도로 심각한 수준이었습니다. 수도권 또한 마찬가지여서 경기도의 연간 미세먼지 평균농도는 71㎍/m^3이었습니다. 2001년 당시 런던과 파리는 20㎍/m^3, 동경은 40㎍/m^3 수준이었던 것과 비교하면 그 심각성을 알 수 있습니다.

이에 정부는 2002년 초부터 대책을 마련하기 시작했습니다. 2002년 12월에는 '수도권 대기개선 특별대책'을 내놓고, 2003년 12월에는 '수도권 대기환경개선에 관한 특별법'을 만들

[표 9] 수도권 대기환경개선에 관한 특별법의 관리권역

구분	지역 범위
서울특별시	전 지역
인천광역시	옹진군을 제외한 전 지역 (옹진군 영흥면은 포함)
경기도 (24개 시)	김포시, 고양시, 의정부시, 남양주시, 구리시, 하남시, 성남시, 의왕시, 군포시, 과천시, 안양시, 광명시, 시흥시, 부천시, 안산시, 수원시, 용인시, 화성시, 오산시, 평택시, 파주시, 동두천시, 양주시, 이천시

출처: 환경부, 「수도권 대기환경관리 기본계획」, 2005. 11.

었습니다. 이 특별법의 목표는 한마디로 '맑은 날 남산에서 인천 앞바다를 볼 수 있을 정도'로 대기환경을 개선하겠다는 것이었습니다. 이를 위해 서울시, 인천시와 경기도 내 수원시 등 24개시를 '대기관리권역'으로 지정했습니다.

특별법에서는 여러 정부 부처가 함께 정부 차원의 종합대책으로서 10년마다 '수도권 대기환경관리 기본계획'을 세우도록 했습니다. 1차 수도권 대기환경관리 기본계획(이하 '1차 기본계획')은 2005년 11월 4일에 확정되었습니다. 1차 기본계획에서는 미세먼지PM10, 질소산화물NOx, 휘발성유기화합물VOCs, 황산화물SOx, 이 네 물질을 '관리할 오염물질'로 정했습니다. 초미세먼지PM2.5와 오존은 별도로 관리 대상으로 삼지 않았습니다. 1차 기본계획에서 미세먼지는 2003년 69$\mu g/m^3$에서 2014년까지 동경 수준인 40$\mu g/m^3$ 수준으로 줄이고, 이산화질소는 2003년 38ppb에서 2014년 파리 수준인 22ppb로 줄이겠다는 목표를 세웠습니다.

이러한 목표 달성을 위해 먼저 지역별 배출허용총량을 할당하였습니다. 서울시, 인천시, 경기도에 황산화물, 질소산화물, 휘발성유기화합물 배출허용총량을 할당하고, 이 목표 안에서 지역별로 자율적으로 오염물질 배출을 줄일 계획을 작성하도록 했습니다.

[표10] 1차 수도권 대기환경관리 기본계획 목표

	2003년	2007년	2009년	2011년	2014년
미세먼지 (㎍/m³)	69	60	55	50	40 (동경 수준)
이산화질소 (ppb)	38	35	32	28	22 (파리 수준)

출처: 환경부, 「수도권 대기환경관리 기본계획」, 2005. 11.

자동차에서 배출되는 오염물질을 줄이는 데도 많은 노력을 기울였습니다. 신차를 만들 때 선진국 수준의 배출허용기준을 맞추도록 기준을 강화했습니다. 하이브리드자동차, 전기자동차 등 '저공해 자동차'를 보급하는 계획도 세웠습니다. 이미 달리고 있는 경유자동차에 대해서도 배출허용기준을 강화했습니다. 이러한 기준에 미달하는 자동차에 대해서는 배출가스저감장치DPF를 붙이거나, LPG엔진 같은 저공해 엔진으로 개조하도록 하는 의무를 부과했습니다. 1차 기본계획에서는 자동차 배출 오염물질을 줄이는 대책에 가장 많은 예산을 투입하였습니다.

대기오염이 심한 지역을 환경지역Environmental Zone으로 지정해 환경친화적인 교통수요 관리를 하겠다는 방안도 내놓았습니다. 오염물질을 많이 내뿜는 대형버스나 트럭이 환경지역에

배출가스 저감장치
(DPF: Diesel Particle Filter Trap)

자동차 배출가스 중 입자상물질(PM)을 제거하는 장치로 촉매가 코팅되어 있는 필터로 입자상물질을 여과한 다음, 이를 산화(재생)시켜 이산화탄소(CO_2)와 수증기(H_2O)로 전환시키는 역할을 합니다.
입자상물질(PM)을 제거하는 정도에 따라 제1종(90% 이상)과 제2종(50% 이상, partial DPF)으로 나누기도 하고, 재생 방식에 따라 자연재생 방식과 복합재생 방식으로 나눕니다. 저감장치를 붙인 후 출력이나 연비가 5% 범위 내에서 낮아질 수 있어 일부 경유차 소유주들은 저감장치 붙이는 것을 거부하거나, 붙인 후에 부수기도 합니다.

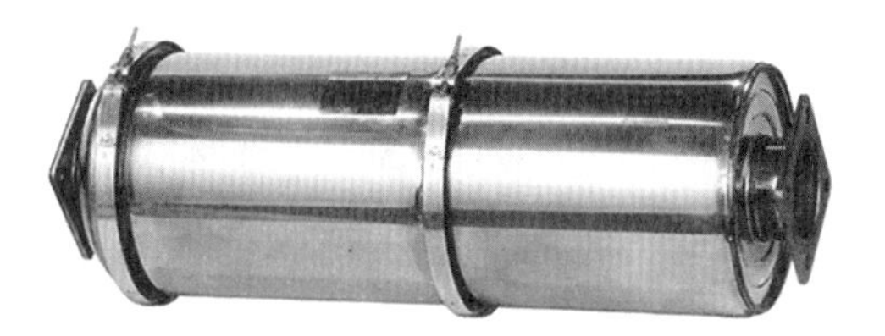

자연재생 DPF 형상 (그림 출처: http://www.cleanearth.kr)

진입하는 것을 막고, 저감장치를 부착한 차량만 들어올 수 있게 하겠다는 것이었습니다. 또한 교통혼잡 통행료 부과 대상을 확대하여 차량의 통행을 줄이겠다는 계획도 세웠습니다. 이러한 대책은 그다지 잘 시행된 편은 아니었습니다.

대형 사업장에 대해서는 오염물질 총량제와 배출권 거래제를 실시하기로 하였습니다. 이러한 조치는 기본계획 시행 이후 경기활성화를 위한 탈규제 바람 속에서 그다지 강력히 시행되지 못하였습니다.

수도권 내에 있는 모든 주유소에 단계적으로 휘발성유기화

LPG엔진 개조

경유엔진의 일부 부품을 수정하고 가공하여 LPG를 연료로 사용하는 엔진으로 개조하는 것을 말합니다. LPG로 연료가 바뀌고, 엔진제어장치(ECU)를 교체하는 것을 통해 입자상물질(PM)을 90% 이상 저감시킬 수 있습니다. LPG엔진 개조가 가능한 차량은 배기량 3,000cc 이하 RV, 소형승합, 중소형 화물자동차입니다.
LPG엔진 개조 후 연료 특성에 따라 경유자동차에 비해 연비가 낮아질 수 있어서 경유차 소유자들의 호응이 점차 낮아지고 있습니다. 이에 따라 2017년에는 예산이 배정되지 않았습니다.

[표11] 1차 기본계획 예산(안)

(단위: 억 원)

구분		계	무·저공해 자동차 보급	경유차 저공해화	사업장 관리	효율적 관리 체계 구축
투자소요		47,354	821	42,824	3,111	598
국고	보조	21,276	644	19,272	762	598
	융자	2,258			2,258	
지방비		19,513	177	19,272	64	
민간 부담		4,307		4,280	27	

출처: 환경부, 「수도권 대기환경관리 기본계획」, 2005. 11.

합물질VOCs을 회수하는 장치를 설치하도록 의무화하는 제도도 시행하였습니다. 주유소에서 기름을 넣는 과정 등에서 증발하는 기름 또한 중요한 배출원이기 때문입니다.

1차 기본계획에는 4조 7천억 원이 넘는 돈이 배정되었습니다. 특히 경유차 저공해화 사업에 4조 원이 넘는 재정이 투입되었습니다. 그런데 1장에서 살펴본 대로 제조업 공장에서의 배출이 큰 데 비해 자동차 배출가스 저감에만 대부분의 예산과 노력이 집중된 것에 대해 언론과 국회, 감사원의 비판이 이어지면서, 2010년에는 경유차 저공해화 사업이 총 3조 4천억 원, 전체 예산 4조 원으로 예산 규모가 줄어들고 사업 규모가 작아졌습니다.

그러나 제조업연소와 생산공정에서의 배출은 그 경우가 매우 다양하고, 오염원에 대한 실태조사가 충분히 이루어지지 않아, 저감 정책을 세우고 실행하는 데 어려움이 많았습니다. 이에 반해 경유차 배출가스는 오염물질의 발생 경로가 어느 정도 알려져 있고, 국내외에 검증된 배출가스 저감 정책이 있었기에 상대적으로 정책을 실행하기 쉬웠습니다. 이러한 점에서 본다면 경유차 배출가스 저감을 정책의 주요한 목표로 삼고 집중한 것은 한정된 예산과 역량이라는 조건하에서 최선을 다한 것이라고 평가할 수도 있겠습니다.

1차 기본계획은 미세먼지^{PM10}를 줄이는 데는 어느 정도 성과를 거두었습니다. 서울의 경우 미세먼지 연평균 농도가 2004년 61$\mu g/m^3$에서 2012년에는 41$\mu g/m^3$으로 크게 개선되었고, 2014년 최종 목표인 40$\mu g/m^3$이 달성 가능하다고 기대되었습니다. 그러나 2013년 이후 미세먼지 농도는 다시 증가하여 2015년에는 45$\mu g/m^3$까지 올라갔습니다. 이산화질소의 경우

[표12] 서울의 미세먼지(PM10)와 이산화질소 연평균 농도 추이 (2004~2015년)

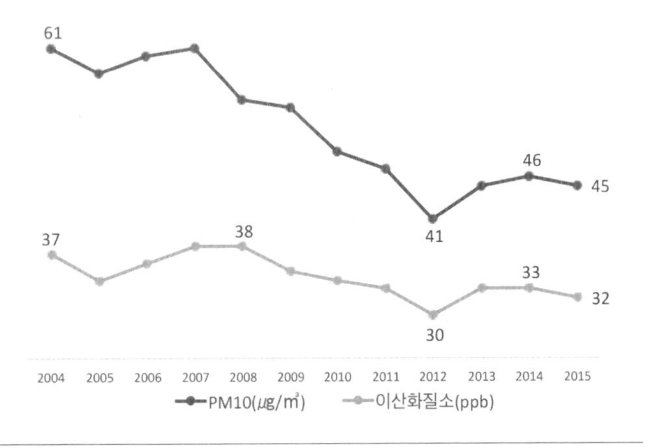

출처 국립환경과학원, 「대기환경연보 2015」, 2016.

목표치인 22ppb에 크게 못 미치는 결과를 보였습니다. 2012년에는 30ppb까지 감소하였지만 이후 다시 증가하여 2015년에는 32ppb까지 증가하였습니다.

일정한 성과에도 불구하고 1차 기본계획에는 여러 가지 한계가 있습니다. 환경부는 이러한 한계를 자체적으로 분석하고 인정하고 있습니다.

먼저, 관리대상물질에 인체 위해성에 기반한 대책이 미흡하여, 건강에 큰 영향을 줄 수 있는 초미세먼지PM2.5와 오존이 대책에 포함되지 않았습니다. 또한 고농도 오염지역Hot-Spot이 정확히 어디에 존재하고, 얼마나 많은 시민이 노출될 수 있는지 기초적인 분석이 부족했습니다.

두 번째로 사업장 배출물질 총량제가 제대로 시행되지 못했습니다. 처음부터 배출허용량을 너무 많이 주었고, 배출권 거래도 질소산화물 할당량 중 4% 정도만 이루어져 사실상 거래가 제대로 이루어지지 않았습니다. 먼지 총량제는 시행 자체가 유보되었습니다. 사업장에서의 먼지 배출량에 대한 기존 자료가 부족하다는 이유에서였습니다.

세 번째로 우리 생활 주변에 있는 생활오염원에 대한 관리가 소홀하다는 점이 지적되었습니다. 인쇄소나 도장시설, 나무 등을 태우는 생물성 연소(숯가마, 숯불구이 등) 등의 배출원에 대한 기초자료나 관리 수단이 없었습니다. 이렇게 곳곳에서 조금씩 배출되는 걸 관리하지 못하다 보니, 휘발성유기화합물VOCs의 배출량을 목표량만큼 줄이지 못했습니다.

마지막으로 대기오염을 측정하고 기본적인 자료를 모으는 기초연구가 부족했습니다. 측정망을 확대하고 측정항목을 늘리고, 오염물질 배출량을 더욱더 정확히 계산하기 위해 한국 특성에 맞는 배출계수 개발 등이 필요한 실정입니다.

미세먼지 문제에 쏟아지는 관심

1차 기본계획은 지난 10여 년간 어느 정도 미세먼지 농도를 줄이는 데 성공하였습니다. 대기 분야 전문가들 또한 대기오염과 미세먼지 문제가 여전히 외국과 비교해서 심각한 수준인 것은 맞지만, 10년이나 20년 전에 비하면 많이 나아졌다고 평가하곤 합니다. 이렇게 미세먼지 농도가 줄었다고 하는데도 왜 많은 시민들에게 미세먼지 문제가 최근 더 심각하게 느껴지기 시작한 것일까요? 미세먼지가 시민들의 삶의 문제로 다가오기 시작한 데에는 여러 이유가 있습니다.

먼저, 2012년 이후 미세먼지 농도가 다시 증가하기 시작했습니다. 10년 전보다는 줄었다고 하지만 최근 연평균 농도가 증가하기 시작했습니다. 이와 함께 미세먼지 및 초미세먼지 주의보가 발령되는, 미세먼지가 고농도인 날도 늘어나기 시작했습니다.

이 시기 또 하나 우리의 눈을 끈 사건은 바로 중국의 심각한 스모그 사태입니다. 2013년 1월 중국에서는 초미세먼지 농도가 최대 993㎍/m^3에 달하는 최악의 스모그가 발생했습니다. 이후 매년 중국에서는 겨울과 봄철 내내 심각한 대기오염에 시달렸고, 이는 우리 사회에도 언론을 통해 널리 알려졌습니다.

미세먼지와 초미세먼지에 대한 전국 예보가 시작되었다는 점도 중요합니다. 미세먼지 예보제는 2014년 2월 6일부터, 초미세먼지 예보제는 2015년 1월 1일부터 시작했습니다. 이러한 예보는 눈에 보이지 않는 미세먼지를 사회적으로 보이는 존재로 만드는 역할을 했습니다.

언론의 보도 또한 크게 늘었습니다. 미세먼지 관련 보도는 2000년대 내내 꾸준히 있어 왔지만 사회적으로 큰 반향을 일으키는 정도는 아니었습니다. 미세먼지 보도가 크게 늘어난 것은 2013년부터입니다.

[표13]은 한국언론진흥재단의 뉴스 데이터베이스를 통해 매년 언론의 미세먼지 보도가 몇 건이었는지를 표시한 것입니다. 모두 합쳐 약 40여 개의 중앙지, 경제지, 지방지, 방송사의 미세먼지 보도는 2013년을 기점으로 크게 늘어납니다. 2012년까지는 매년 1,000여 건의 기사가 나왔는데, 2013년에는 4천 건, 2014년과 2015년에는 1만여 건, 2016년에는 무려 1만 6천 건의 기사가 쏟아져 나왔습니다.

언론보도 추이를 월별로 살펴보면 미세먼지 및 초미세먼지 농도가 높아지는 겨울과 봄 즈음에 기사가 많이 나온다는 걸 볼 수 있습니다(표14). 2014년에는 미세먼지 농도가 높았던 일수가 많았고, 전국적인 미세먼지 예·경보제가 실시되면서 관련

[표13] 연도별 미세먼지 보도 건수

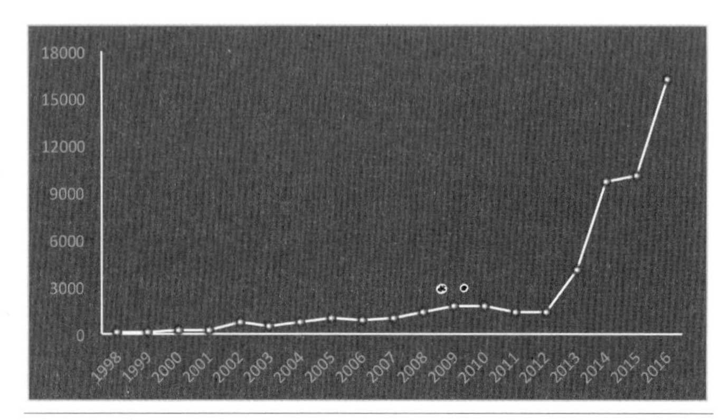

출처: 한국언론진흥재단 '카인즈'(Kinds).

[표14] 월별 미세먼지 보도 건수

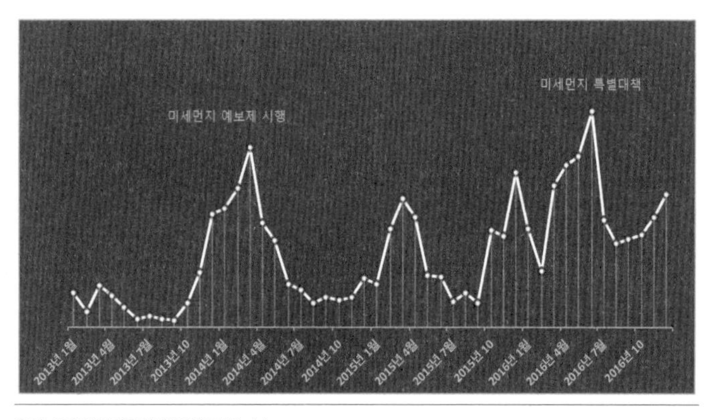

출처: 한국언론진흥재단 '카인즈'(Kinds).

보도가 크게 늘어났습니다. 2015년에도 1월부터 증가한 미세먼지 보도가 3월에 정점을 찍고 내려갔다가 다시 12월에 크게 늘어났습니다. 2016년에도 계속하여 4월 이후 미세먼지 고농도 일이 잦았고, 정부의 미세먼지 특별대책이 발표되면서 수많은 관련 기사가 쏟아져 나왔습니다.

비록 1차 기본계획을 통해 미세먼지 연평균 농도가 완만하게 줄었다고는 하지만, 이웃 나라 중국의 대기오염 문제가 심각해지고, 미세먼지 예보제가 자리잡고, 언론의 보도가 크게 늘어나면서 몇 년 사이에 미세먼지는 우리의 시야 안에 자리잡게 되었습니다. 한편 이렇게 관심이 늘어났지만, 그에 비해 정부의 대응은 그리 시원하지 못했습니다.

지지부진한 2차 수도권 대기환경관리 기본계획

2014년에 1차 기본계획이 끝난 뒤로, 뒤이어 2차 기본계획이 시작되었습니다. 2차 기본계획에서 환경부는 기존 대책에 포함되지 않았던 초미세먼지와 오존을 관리대상 물질로 추가하였습니다. 초미세먼지와 오존이 인간 신체에 주는 영향이 큰데다, 특별한 대책이 없다면 배출량을 줄이기 어려울 것으로 전

[표15] 1차 및 2차 기본계획 관리대상물질 및 목표치

	미세먼지 (PM10)	초미세먼지 (PM2.5)	질소산화물 (NOx)	황산화물 (SOx)	휘발성 유기화합물 (VOCs)	오존 (O3)
1차 기본계획	40$\mu g/m^3$	–	22ppb	환경농도 달성, 배출량만 관리	배출량만 관리	–
2차 기본계획	30$\mu g/m^3$	20$\mu g/m^3$	21ppb			60ppb

망되었기 때문입니다.

환경부는 2차 기본계획에서 앞으로의 초미세먼지 배출량을 전망하면서, 2024년에는 현재보다 초미세먼지 1차 배출량은 감소하지만 2차 생성량이 증가할 것으로 내다봤습니다. 그나마도 자동차와 건설기계에 대한 미세먼지 허용기준이 강화되면서 도로이동오염원의 배출량이 약 절반(46%) 감소하는 것을 전제로 한 예측인데, 그럴 경우 오염도가 2010년(30$\mu g/m^3$)과 비슷한 수준으로 유지될 것이라는 게 환경부의 전망입니다. 미세먼지 51.4$\mu g/m^3$(WHO 권고기준 20$\mu g/m^3$), 이산화질소는 30ppb(WHO 권고기준 21ppb), 오존은 75.1ppb(WHO 권고기준 50ppb)로, 모두 괄호 안에 표시한 세계보건기구 권고기준에 크게 못 미치는 수준이 될 것이라고 전망되었습니다.

2차 기본계획에서 대상이 되는 대기관리권역은 수도권 전체로 확대할 계획이었습니다. 그러나 2015년 12월 29일 국무회의에서 포천과 안성, 여주, 광주 네 개 시만 추가로 편입되었습니다. 목표 수준은 PM10의 경우 30㎍/㎥, PM2.5의 경우 20㎍/㎥으로 잡았습니다. 여전히 세계보건기구 권고기준에는 못 미치지

[표16] 대기관리권역의 범위

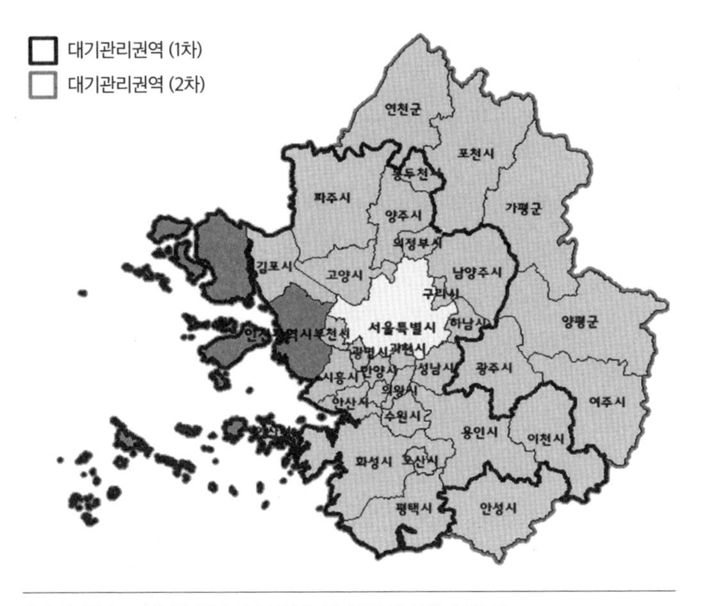

출처: 환경부·수도권대기환경청, 「2차 수도권 대기환경관리 기본계획」, 2013. 12.

만, 이를 통해 연간 2만 명에 달하는 초과사망자와 80만 명에 육박하는 기관지염 환자를 절반으로 줄이겠다는 목표를 세운 것입니다.

이러한 목표하에 크게 자동차, 사업장(배출시설), 생활오염원 관리와 측정망 확대 등 과학적 관리기반을 마련하는 대책이 세워졌습니다. 특히 자동차 관리 대책으로는 노후차 저공해화 사업을 확대하고, 친환경자동차 보급을 늘리기로 하였습니다. 신차에 대한 배출허용기준을 엄격하게 하고, 공해차량 운행제한지역 제도도 본격 시행하기로 하였습니다. 사업장 관리도 더욱 강화하기로 하였고, 이후에 '고등어 구이'로 말썽이 일어난 생물성 연소에 대한 대책도 마련하기로 하였습니다.

그러나 이후 집행 실적은 매우 실망스러웠습니다. 자동차와 건설기계의 신차 배출가스 인증 강화만 예정대로 진행되었을 뿐 그 외 정책은 진행이 매우 더딥니다.

먼저 2015년부터 대기환경보전법에 따라 시행예정이었던 저탄소차협력금 제도 도입이 2020년 말까지 연기되었습니다. 자동차 업계의 입장을 대변한 산업부의 주장이 받아들여져 2014년 9월 시행 연기가 공식 발표되면서, 2차 기본계획의 핵심 정책 하나가 무산된 것입니다. 저탄소차협력금 제도는 중·

대형차에 부담금을 부과하고, 친환경차와 중·소형차에 보조금을 지급하는 제도입니다. 또한 자동차별 배출가스량, 연비 등 환경 관련 정보를 제공하여 친환경차를 홍보하도록 하고 이를 통해 오염물질 배출량이 적은 자동차를 이용하도록 유도하려 했던 것입니다. 국내 신차 제작사 입장에서는 대형차 판매가 이윤이 높고, 외산 브랜드와의 연비 경쟁력이 약하다 보니 극심한 반대를 하였던 것입니다.

노후 경유차 조기폐차 지원 사업은 2015년에는 3만 5천 대, 2016년부터 2019년까지는 매년 3만 8천 대를 집행하기로 계획을 세웠습니다. 이후 살펴볼 미세먼지 특별대책(2016년 6월)에서는 이를 2017년 6만 대, 2019년까지 3년간 총 21만 대로 대폭 증가시키기도 했습니다. 그러나 2015년 상반기 기준 전국에 등록된 15년 이상 소형 및 중대형 화물트럭만 해도 50만 대가 넘는 상황에서 증가한 목표 또한 충분하다고 볼 수 없는 상황입니다. 게다가 이러한 대책에서 오염물질 배출량이 매우 큰 중대형 화물트럭에 대한 고려는 여전히 부족합니다.

공해차량 운행제한지역Low Emission Zone, LEZ 제도를 도입한다고 하였지만 이에 대해서는 명확한 실행계획을 내놓지 못했습니다. 2008년부터 수차례 연구용역과 공청회를 거쳤고, 미세먼지 저감에 가장 효과적이라는 결론을 내었는데도 말입니다. 공

[표17] 외국의 LEZ 시행 사례

구분	규제 물질	대상 차량	벌칙	시행 효과
동경 (2003)	미세먼지(PM10)	7년 초과된 2.5톤 이상 경유 화물·버스·특수차	운행금지 명령	NOx 환경기준 달성률 53%(2003) → 89%(2009)
스톡홀름 (1996)	미세먼지(PM10) 질소산화물(NOx)	8년 초과된 3.5톤 이상 대형경유차	벌금 20만 원	PM10 40%, NOx 10% 감소
런던 (2008)	미세먼지(PM10) (NOx, PM25 포함 검토)	7년 초과된 3.5톤 이상 대형화물차, 관광·시외버스	벌금 86만~ 172만 원	PM10 6% 감소 4,375억~ 1조 1,725억 원 이익

출처: 환경부·수도권대기환경청, 「2차 수도권 대기환경관리 기본계획」, 2013. 12.

해차량 운행제한지역 제도는, 2005년식 이전 경유차 중 배출가스 검사 결과 부적합 차량으로 재검사를 하지 않거나 저공해 조치를 이행하지 않은 차량을 수도권에서 운행 제한하고, 단속을 통해 적발된 차량에 과태료를 물리는 방식입니다. 현재는 수도권에 있는 차량만 대상이다 보니, 수도권으로 들어오는 비수도권 노후 경유차를 단속하지 못하고 있는 허점이 있습니다. 런던의 LEZ와 같이 차종과 연식으로 일괄로 진입제한 대상 차량을 정하여 벌금을 부과하는 방식을 강구할 필요가 있습니다.

[표18] 노후 건설기계 엔진 저공해화 조치계획

(단위: 대)

구 분	계	2015~2019 연도별/(합계)	2020~2024 연도별/(합계)
계	50,000	3,000 (15,000)	7,000 (35,000)
DPF 부착	10,000	500 (2,500)	1,500 (7,500)
엔진 교체	15,000	1,000 (5,000)	2,000 (10,000)
엔진 개조	15,000	1,000 (5,000)	2,000 (10,000)
조기폐차	10,000	500 (2,500)	1,500 (7,500)

출처: 환경부·수도권대기환경청, 「2차 수도권 대기환경관리 기본계획」, 2013. 12.

건설기계와 선박 같은 비도로이동오염원은 1차 기본계획에서 소홀했다는 점이 지적되어, 2차 기본계획에서는 2024년까지 5만 대에 대해 저공해화 사업을 추진하겠다는 목표가 세워졌습니다. 2015년 한 해에만 조기폐차 500대 등을 합하여 총 3천 대에 저공해화 사업을 하기로 했습니다. 그러나 실제로 저공해화 조치를 한 경우는 5백 대 미만이고, 조기폐차한 차량은 놀랍게도 한 대도 없었습니다.

서울시의 미세먼지 대책 또한 부족하긴 마찬가지였습니다. 서울시는 '초미세먼지 20% 줄이기' 대책(서울 정책아카이브 누리집, 2015. 6. 17)에서 서울시 초미세먼지의 52%가 교통부문(자동차와 건설기계)에서 발생하고 있다고 파악하고 있습니다. 초미세먼지 대책에서 서울시는, 미세먼지는 그간 경유차 저공해 사업에 주력한 덕에 크게 개선되었지만 초미세먼지 개선은 매우 미흡하였다고 자체 평가를 하고 있습니다. 이런 인식에도 불구하고 서울시의 교통분야 미세먼지 저감 정책은 대부분 환경부 정책을 평면적으로 나열하고 있는 수준입니다. 그나마도 눈에 띄는 부분은 LEZ 정책을 재설계하겠다는 부분입니다. 그러나 이는 환경부 주도로 서울시·인천시·경기도가 함께 머리를 맞대어야 할 부분이어서 서울시의 의지만으로 시행하기 어렵다는 한계가 있습니다.

서울시의 미세먼지 정책 추진 의지가 의심되는 부분도 있습니다. 친환경차량 보급을 이야기하면서 2016년 전기차 보급 예산을 삭감하거나, 도로 운행 차량의 배출검사를 도입하겠다고 하면서 검사의 신뢰성이 낮은 원격측정장비RSD를 도입하겠다고 하는 등 여러 문제를 노출하고 있는 형편입니다.

정부와 지자체 대책이 지지부진한 가운데 미세먼지와 초미세먼지에 대한 사회적 염려는 더욱 크게 늘어났습니다. 이미 2014년과 2015년에 이어 2016년에도 연초부터 미세먼지와 초미세먼지 농도가 일평균 기준을 넘는 날이 계속해서 이어졌습니다. 2016년 4월과 5월에는 월평균이 연평균 50㎍/m³을 훌쩍 뛰어넘었고, 사흘 넘게 대기질이 매우 나쁜 날이 계속되기도 했습니다. 서울에서는 33시간 넘게 미세먼지 주의보가 이어지기도 했습니다.

정부는 빠른 대응을 보이지 않았습니다. 2015년 겨울에 이어 2016년 1월부터 계속해서 미세먼지 농도가 높았지만, 4월과 5월에 들어서야 박근혜 대통령이 두 번 언급했을 뿐입니다. 박근혜 전 대통령은 2016년 4월 26일 중앙언론사 편집·보도국장 초청 간담회에서 화력발전소를 미세먼지의 가장 큰 원인으로 지목하였고, 이어 5월 10일 국무회의에서 미세먼지가 '국민안전과 건강을 위협하는 중차대한 문제'라고 이야기하면서 화력발전소와 자동차가 '미세먼지의 원흉'이라며 '특단의 대책'을 세우라 지시했습니다. 지금껏 입을 다물고 있던 환경부는 그제서야 대책 마련에 부랴부랴 나섰지만 이후 대책을 만드는 과정은 혼란과 졸속 그 자체였습니다.

환경부와 타 부처 간의 미세먼지 대책 협의는 쉽지 않았습니다. 우선 환경부에서는 경유 유류세를 인상하는 방안을 대책으로 제시했습니다. 그러나 기획재정부와 국토부는 이에 동의하지 않았고, 여론 또한 이에 부정적이었습니다. 경유자동차가 정말 미세먼지의 주된 원인이 맞는가 하는 논쟁이 크게 일어나기도 했습니다. 그 와중에 환경부는 고등어를 구울 때 미세먼지가 많이 나온다는 보도자료를 내어 "고등어가 미세먼지 주범"이라는 시민들의 비아냥을 듣기도 했습니다. 이어 2016년 5월 25일 국무조정실 주재로 예정되었던 환경부, 기재부, 국토부, 산업부 간 회의가 유류세 인상 문제에 대한 이견으로 인해 취소되기도 하였습니다.

우여곡절 끝에 2016년 6월 3일 국무총리 주재 관계부처 장관회의를 거쳐 미세먼지 특별대책이 발표되었지만 미흡하다는 목소리가 쏟아져 나왔습니다. 이어 7월 1일 미세먼지 관리 특별대책 세부이행계획을 발표했지만 이 또한 많은 질타를 받았습니다.

미세먼지의 원인과 대책을 둘러싼 논란

미세먼지 문제가 심각하니 '특단의 대책'이 필요하다는 데는 공감이 있었지만, 구체적으로 어떻게 할 것인가에 대해서는 이견이 많았습니다. 정부 부처 간에 서로 다른 의견이 있었을 뿐만 아니라, 언론이나 시민단체에서도 다양한 문제제기를 했습니다. 유류세 인상이 이야기되자 경유자동차가 정말 미세먼지의 주범이 맞는지가 사회적으로 큰 논란이 되었습니다. 미세먼지 농도가 치솟는 날이면 중국발 미세먼지가 문제라는 여론도 들끓었습니다. 시민단체에서는 화력발전소의 문제도 심각하다고 했습니다. 고등어 구이가 미세먼지를 내뿜는다는 환경부 발표도 시민들에게 큰 영향을 주는 웃지 못할 일도 있었습니다.

경유자동차가 미세먼지의 주범인가?

가장 많은 논란이 된 것은 경유자동차가 미세먼지를 얼마나 내뿜고 있으며, 경유에 대한 유류세 인상이 정말 미세먼지를 줄일 수 있는 대책인가 하는 것이었습니다. 이는 이후 살펴볼 중국발 미세먼지 논란에 더해 힘없는 서민에게 부담을 전가하는 것 아닌가 하는 우려도 낳았습니다. 앞서 1장에서 살펴본 대로 미세먼지나 초미세먼지를 가장 많이 배출하는 곳이 제조업 공장인데, 왜 경유차에 대해서 먼저 이야기가 나왔는지 의아해 할 수 있습니다.

국가 대기오염물질 배출량 공식통계에서 전국의 초미세먼지

[표19] 초미세먼지 전국 및 수도권 배출량 (2013년)

(단위: ton/년)

배출원		대기오염물질 (전국)			대기오염물질 (수도권)		
		PM2.5	SOx	NOx	PM2.5	SOx	NOx
에너지 산업연소	발전소	3,573 (3%)	97,565 (23%)	177,219 (15%)	697 (4%)	11,088 (29%)	24,460 (7%)
사업장	제조업 연소	41,606 (39%)	95,836 (24%)	178,034 (16%)	300 (2%)	3,941 (10%)	11,507 (4%)
	생산공정	4,829 (5%)	108,333 (27%)	55,151 (5%)	206 (1%)	4,657 (12%)	4,056 (1%)
	폐기물 처리	202 (0.2%)	6,517 (2%)	9,529 (1%)	63 (0.4%)	689 (2%)	2,945 (1%)
냉난방 등	비산업 연소	1,226 (1%)	31,101 (18%)	88,769 (8%)	383 (2%)	8,653 (23%)	42,724 (13%)
	기타 면오염원	279 (0.3%)		165 (0.02%)	90 (1%)		57 (0.02%)
도로이동 오염원	경유차	11,134 (10%)	117 (0.03%)	284,700 (26%)	3.769 (24%)	46 (0.1%)	143,474 (44%)
	휘발유차 등		72 (0.02%)	51,021 (5%)		30 (0.1%)	25,027 (8%)
비도로 이동오염원	건설기계 등	13,953 (13%)	65,119 (16%)	246,027 (23%)	3,328 (21%)	8,837 (23%)	68,355 (21%)
생활 주변 오염원	비산먼지	17,127 (16%)			4,775 (30%)		
	생물성 연소	12,681 (12%)	148 (0.04%)	9,110 (1%)	2,122 (13%)	24 (0.1%)	1,072 (0.3%)
합 계		106,610	404,808	1,099,724	15,733	37,965	323,623

[표 20] 전국 PM2.5 배출 기여도

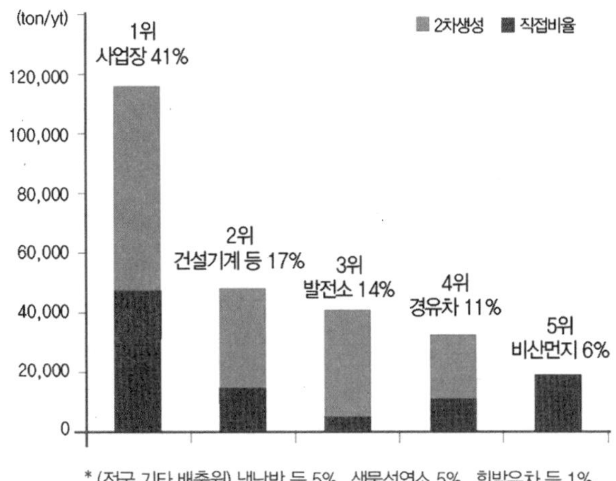

출처: 국립환경과학원, 「2013 국가 대기오염물질 배출량」, 2015. 12.

1차 배출량을 살펴보면 제조업연소와 생산공정, 폐기물처리 등 사업장이 차지하는 비중이 약 44%로 가장 높습니다. 다른 오염물질도 사정은 비슷하여, 황산화물SOx의 절반, 질소산화물NOx의 20%는 사업장에서 배출됩니다. 황산화물과 질소산화물로 인한 2차 생성 먼지를 고려하면, 사업장의 초미세먼지 배출 기여도는 전국 기준 41%에 달합니다. 경유차의 초미세먼지 배출 기여도는, 1차 배출량은 약 10% 수준이고, 2차 생성 먼지를 고

[표 21] 수도권 PM2.5 배출 기여도

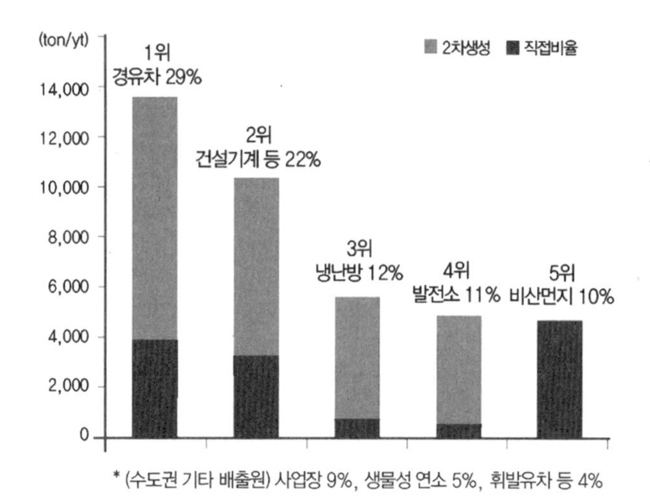

출처: 국립환경과학원, 「2013 국가 대기오염물질 배출량」, 2015. 12.

려해도 약 11%에 머무르는 수준입니다.

하지만 수도권 내에서의 초미세먼지 배출 기여도에서는 순위가 달라집니다. 수도권에서는 경유차가 초미세먼지 1차 배출량의 24%를 차지하고, 2차 생성물을 고려하면 29%까지 올라갑니다. 2위 또한 건설기계 등이 차지합니다. 건설기계 등 비도로이동오염원은 1차 배출량의 21%, 2차 생성물까지 합하여 22%의 비중을 차지하고 있습니다. 경유를 사용하는 도로 및 비도로이동오염원이 수도권의 배출원 관리에 있어서 중요하다는 걸 알 수 있는 대목입니다.

이러한 배출량 통계에 더해 더욱 중요한 것은 각 배출원에서 나온 오염물질이 공기를 따라 어디로 얼마나 흘러들어가고, 결과적으로 오염물질이 포함된 공기를 마신 사람의 건강에 얼마나 영향을 주느냐 하는 것입니다. 먼저 배출량 통계를 기반으로 각 배출원이 각 지역의 미세먼지 농도에 얼마나 영향을 주었는지 계산한 것이 '농도 기여도'입니다. 이러한 농도 기여도에 기반해 각 배출원별로 인체에 영향을 주는 정도를 계산한 것이 '위해성 기여도'입니다. 사람의 건강에 영향을 주는 정도, 즉 인체 위해도는 보통 백만 명당 발암 가능성으로 표현합니다.

서울특별시 대기환경정보 누리집에 따르면 2011년 연구 결과 초미세먼지 농도에 대한 배출원별 기여도는 자동차 배출가스 35%, 산업·비산업(사업장 및 냉난방) 27%, 건설기계 등 17%, 비산먼지 12%, 생물성 연소 7% 등입니다. 이러한 '농도 기여도'가 지역별 배출량을 통해 살펴본 '배출 기여도'와 차이가 나는 이유는 이웃한 지역에서 초미세먼지가 흘러들어오기 때문입니다. 서울의 경우에는 서울에서만 나오는 양보다는 해외나 경기·인천·충청 등에서 들어오는 초미세먼지 양이 더 많습니다.

농도 기여도 1위인 자동차 배출가스, 디젤 배기가스의 인체 위해성은 매우 큽니다. 아쉽게도 한국에서는 위해성 기여도에 대한 분석이 아직 준비 단계이기에, 외국의 연구를 참조해 그 심각성을 유추해볼 수밖에 없습니다. 앞서 살펴보았듯이 2015년 미국 캘리포니아의 대기위해성평가 보고서(MATES-IV)는 초미세먼지에 대한 디젤 배기가스의 농도 기여도는 약 15%이나, 위해성 기여도는 무려 68%에 달한다는 결론을 냈습니다. 국제암연구소에서는 2012년 디젤 배기가스를 1군 발암물질로 분류했으며, 경유자동차가 우선적 규제 대상이 되어야 한다고 밝혔습니다.

이런 점에서 환경부가 경유자동차에 대한 우선적 규제를 하려고 했던 점은 합리적인 근거가 있습니다. 문제는 환경부가 박근혜 정권 출범 이후 미세먼지 대책을 장기적인 시야에서 준비하지 않고, 대통령이 특단의 대책을 지시하자 부랴부랴 급하게 대응하였다는 점입니다.

중장기적으로 유류세를 조정해 경유 가격을 휘발유 가격보다 높일 필요가 있습니다. 경유 사용으로 인한 환경적 피해가 큰 데도 불구하고 경유 가격이 더 저렴해 시민들이 경유자동차를 선호하는 현상은 문제가 있기 때문입니다. 이외에도 경유택시 도입이나 클린디젤 장려책 같은 경유자동차 장려정책을 시급히 폐지하여 경유자동차 선호를 줄여야 합니다.

중국발 미세먼지가 문제다?

중국의 미세먼지 문제는 매우 심각합니다. 2013년 이후 거의 매년 겨울과 봄이면 중국 북부지역에서는 눈으로 보기에도 엄청난 미세먼지 농도를 보여주었습니다. 정부에서도 중국발 미세먼지가 심각하다는 점은 인정하고 있습니다. 보통 미세먼지의 국외 영향은 연평균 30~50% 정도로 알려져 있는데, 미세

[표22] 중국(베이징) 고농도 사례별 국내 농도 수준 (2013년)

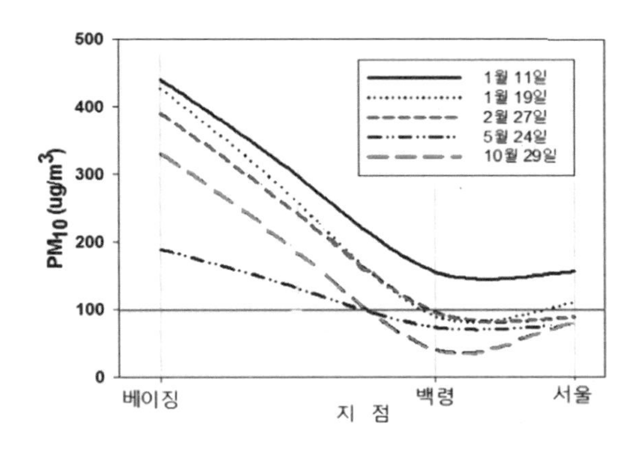

출처: 환경부·수도권대기환경청, 『2차 수도권 대기환경관리 기본계획』, 2013.

[표23] 수도권 미세먼지 기여도 (2013. 10. 29)

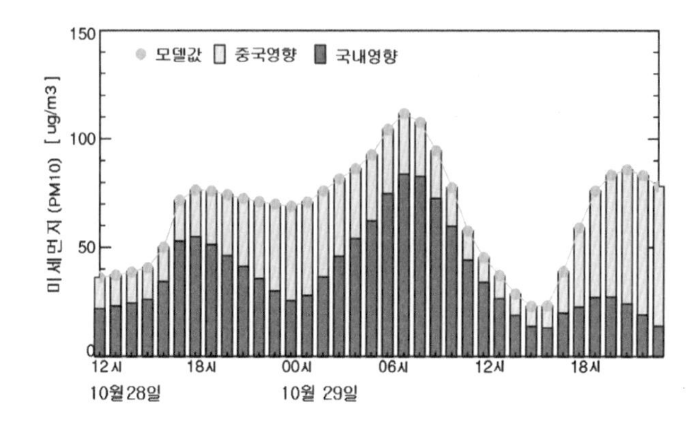

출처: 환경부·수도권대기환경청, 『2차 수도권 대기환경관리 기본계획』, 2013.

먼지가 고농도를 보이는 날에는 중국 영향이 60~80%로 매우 높다는 점이 큰 문제입니다.

한국에서 미세먼지 고농도 사례가 나타나는 경우는 크게 두 가지로 볼 수 있습니다. 하나는 중국에서 고농도 미세먼지가 날아오는 경우입니다. 강한 서풍이나 북풍이 불어 중국에서 고농도 미세먼지가 날아오면서 하루나 이틀 정도 높은 수준의 고농도 미세먼지가 발생합니다.

다른 한 가지는 한반도 대기가 정체되어 중국과 한국의 미세먼지가 한반도 대기에 축적되는 경우입니다. 이런 경우에는 짧게는 3일, 길게는 1주일 정도 미세먼지 고농도 일이 지속됩니다. 2015년 10월 17일부터 24일까지 지속된 고농도 미세먼지가 이런 경우에 해당합니다. 2016년 5월 26일부터 약 사흘 간 있었던 고농도 미세먼지 현상도 국립환경과학원의 분석 결과 대부분 국내에서 생성된 초미세먼지의 영향이 컸습니다. 결국 미세먼지 고농도 현상이 있을 때 중국발 미세먼지의 영향이 큰 것은 사실이지만, 국내에서 생성된 미세먼지의 영향 또한 무시할 수 없는 수준이라는 것입니다.

중국 내에서도 미세먼지 문제의 심각성이 대두되어 중국 정부 자체적으로 미세먼지를 줄이기 위한 대책을 실행 중에 있습니다. 겨울이면 석탄으로 난방하던 것을 다른 에너지원으로 전환하게 하여 2014년과 2015년 연속으로 석탄 사용량이 줄어들기 시작했습니다. 2015년 중국의 석탄 사용량은 2014년에 비해서도 3.7%나 줄어들었습니다. 2015년 베이징의 초미세먼지 연평균 농도도 77.1$\mu g/m^3$으로 2014년의 92.6$\mu g/m^3$에 비해 크게 줄었습니다. 실제로 중국의 미세먼지 연평균 농도는 2006년 이후 감소하고 있는 추세이지만, 한국은 2013년 이후 약간 증가하거나 정체되어 있는 수준입니다. 물론 한국과 비교해 두 배 이상 높을 정도로 여전히 심각한 수준이긴 합니다.

중국발 미세먼지 문제를 풀기 위해서는 중국의 협조가 필요합니다. 한국 정부가 중국에 대해 하는 일이 없다는 지적이 많습니다. 한국 정부와 중국 정부 간에 미세먼지에 대한 협력은 사실 초보 단계에 불과합니다. 이러한 협력을 강화하고 중국발 미세먼지 문제에 대한 협조를 얻기 위해서는 국내의 미세먼지 대책을 더 강화할 필요가 있습니다.

그렇다면 고등어 구이는?

미세먼지 문제 논란의 백미는 바로 고등어 구이를 둘러싼 해프닝이었습니다. 환경부는 미세먼지 대책이 한참 논의되던 2016년 5월 23일 '요리할 때는 꼭 창문을 열고 환기하세요'라는 제목의 보도자료를 통해 고등어 구이가 음식재료 중 가장 미세먼지가 많이 나온다는 내용을 발표했습니다. 환기가 전혀 되지 않는 85㎡ 주택에서 고등어 한 마리를 구웠더니 초미세먼지 농도가 매우 나쁨 수준의 23배인 2,290㎍/m³에 달했다는 것이었습니다. 미세먼지로 걱정이 가득한 가운데 발표된 이 보도자료로 인해 고등어 가격이 떨어지기 시작했고, 뒤늦게 6월 6일에서야 환경부가 이에 대한 해명자료를 내놓았습니다.

물론 실내 미세먼지 문제도 중요한 문제입니다. 전 세계적으로 실내대기오염 문제로 사망하는 사람의 수가 한 해 400만 명에 달하고 있으며, 흡연하지 않는 여성의 폐암 발병원인으로 조리 시 나오는 미세먼지가 지목되고 있는 게 사실입니다. 따라서 음식물 조리 시, 특히 직화구이 등을 할 때 뚜껑을 덮고 창문을 열고 후드를 켜는 등의 환기 조치가 필요합니다.

하지만 환경부가 오해를 키운 것 또한 사실입니다. 당시 미세먼지에 대한 염려가 커지고 사회적으로 민감해져 있던 상황에서 실내대기오염 문제를 지적하면서 고등어를 콕 집어 지목해 보도자료를 낼 필요는 없었습니다. 게다가 당시 생물성 연소로 인해 발생하는 초미세먼지가 전체의 약 10%를 차지한다는 내용이 알려졌는데, 이 고등어 구이 보도자료로 인해 그다지 상관없는 두 이야기가 혼합되어 고등어 구이가 미세먼지의 주범이라는 오해가 퍼져나갔습니다. 생물성 연소 배출의 대부분이 농촌 등지의 쓰레기 소각이나 아궁이, 숯가마 등이라는 점에서, 잘못된 인식이 퍼져나갔던 것입니다. 고등어 구이를 둘러싼 해프닝은 당시 미세먼지 문제와 관련한 정부의 소통 능력이 얼마나 부족했는지를 단적으로 보여주는 사건이었습니다.

[표 24] 미세먼지 관리 특별대책 주요 내용

구분		특별대책
수송 (29%)	제작차 (신차)	• 경유차 질소산화물 인증기준 실도로 기준 도입 폭스바겐 배기가스 조작사건을 계기로 실험실 인증에서 실도로 기준으로 변경. 실험실 인증 대비 실도로 주행시 질소산화물 4~10배 배출되는 것으로 추정
	운행차	• 조기폐차 사업 확대 2005년 이전 생산 차량을 2019년까지 조기폐차 완료 • 노후차 운행제한: 서울 부분시행에서 수도권 전체로 확대
	친환경차	• 친환경차 보급 목표를 20%에서 30%로 확대 • 충전기 설치 목표를 1,480기에서 3,000기로 확대 (주유소 25% 수준) 수소차 충전소 100개소로 확대
	건설기계 등	• 건설기계에 대한 실도로 검사기준 도입
발전·산업 (55%)	석탄발전소	• 노후 석탄발전소 10기 폐기·대체·연료전환 • 신설 석탄발전소 배출허용기준 강화
	수도권 사업장	• 수도권 사업장 대기오염총량제 대상 사업장을 확대
	비수도권 사업장	• 미세먼지 다량배출 사업장 배출허용기준 강화
생활 주변 (16%)	도로먼지	• 도로먼지 청소차 보급 확대 • 도로먼지지도, 도로청소 가이드라인 등 제작 및 보급
	건설공사장	• 대형건설사 비산먼지 저감 자발적 협약 실시
	고기구이	• 미세먼지 저감시설 설치 지원(2020년까지 510개소)

특별하지 않은 미세먼지 특별대책

2016년 5월 한 달 동안 갖은 논란 속에서 준비된 특별대책은 6월 3일 관계부처 장관회의를 거쳐 발표되었습니다. 미세먼지 특별대책은 기존의 제2차 수도권 대기환경관리 기본계획을 강화해 시행하고, 여기에 새로운 대책을 더한 형태였습니다. 특별대책의 목표는 2차 기본계획의 목표를 3년 앞당겨 2021년에 초미세먼지 연평균 농도 20㎍/㎥을 조기달성하고, 10년 후인 2026년까지 유럽 주요도시 수준(18㎍/㎥)으로 낮추겠다는 것이었습니다.

특별대책에서는 이를 위해서 수송, 발전·산업, 생활주변의 배출원에 대해 대폭적인 미세먼지 감축을 추진하기로 하였습니다.

먼저, 수송부문에서는 경유차에서 발생하는 미세먼지를 대폭 줄이고, 친환경차 보급을 더욱 확대하기로 하였습니다. 노후 경유차 수도권 운행제한 제도를 본격 시행하고, 건설기계 등 비도로이동오염원 배출도 줄이기로 하였습니다.

발전·산업부문에서는 노후 석탄발전소 10기를 폐기하거나 대체, 연료전환하기로 하였고, 수도권 사업장의 대기오염총량제 대상 사업장을 확대하기로 하였습니다.

생활부문에서는 도로먼지 청소차 보급과 건설공사장 비산먼지 저감 자발적 협약 체결 등을 하기로 하였습니다. 이에 더하여 초미세먼지 측정망을 미세먼지 측정망 수준으로 단계적으로 확대하여 2016년 152개소에서 2018년 287개소로 늘리겠다고 하였습니다.

이어서 2016년 6월 30일에는 '미세먼지 특별대책 세부이행계획'이 발표되었습니다. 세부이행계획에서는 먼저 2020년까지 친환경차 보급에 3조 원, 충전 인프라에 7,600억 원, 노후 경유차 조기폐차에 1,800억 원 등 약 5조 원을 투자하기로 하였습니다. 또한 석탄화력발전소 미세먼지 저감 대책을 상세히 발표하고, 노후 경유차 수도권 운행제한 시행방안 등을 구체화하겠다는 계획도 내놓았습니다. 노후 경유차를 폐차한 후 신차를 살 때 개별소비세를 감면(70%)하고, 선박 배출가스 관리도 개선하겠다는 등의 추가대책도 내놓았습니다. 개별소비세 감면은 12월부터 시행되었습니다.

미세먼지 특별대책이 발표된 이후 여러 측면에서 문제점이 지적되었습니다. 환경운동연합은 특별대책이 사실상 재탕에 불과하다고 지적했습니다. 특별대책에 포함된 10개 신규대책이 모두 기존에 마련되어 시행을 앞두고 있던 대책이라는 것입니다. 예컨대 경유차 실도로 검사기준 도입은 2차 기본계획에 포함되어 2017년 도입을 앞두고 있었고, 노후 석탄화력발전소 폐기 등의 대책도 7차 전력수급기본계획에서 추진하던 것을 옮겼을 뿐이라고 하였습니다.

한국대기환경학회(이하 대기학회) 또한 특별대책이 "국민 건강을 지키기에 미흡하다"는 평가를 하였습니다. 특히 대기학회는 이번 특별대책이 미세먼지에만 초점이 맞춰져 있는 점을 지적했습니다. 미세먼지와 초미세먼지 외에도 이산화질소와 고농도 오존 등 복합적인 대기 문제에 대한 중장기적이고 종합적인 접근이 필요하다는 것입니다.

국회예산정책처 또한 10월에 발표한 특별대책 관련 보고서에서 특별대책이 제대로 시행된다고 하여도 기대하는 효과를 달성하기 어렵다고 분석했습니다. 노후 경유차 저공해 사업이 계획대로 진행된다고 하여도, 초미세먼지 목표 농도를 달성하기 위해서는 추가적인 대책이 필요하다는 것입니다. 경유택시 도입 등 클린디젤 정책이 미세먼지 저감 정책과 충돌하고 있다는 점 또한 지적했습니다. 석탄화력발전소의 배출량 절감이 비용효율적이며, 노후 발전소 폐기만으로는 수도권 미세먼지 대책에 효과가 제한적이라는 지적도 나왔습니다.

석탄화력발전소 대책의 문제점

분야별 대책 중 가장 많은 비판이 집중된 것은 석탄화력발전소 관련 대책이었습니다. 석탄화력발전소 관련 대책은 미세먼지 관리 특별대책 세부이행계획이 발표되고 일주일 후인 2016년 7월 6일, 산자부 주관 회의에서 결정되었습니다. 총 53기의 화력발전소 중 8기 폐쇄, 2기 연료전환, 기타 성능개선 및 강화된 배출기준 적용이 주된 내용이었습니다.

먼저 가동한 지 30년이 넘은 10기의 석탄화력발전소 중 8기는 폐쇄하기로 하였습니다. 충남 서천화력 1·2호기는 2018년, 경남 고성 삼천포화력 1·2호기는 2020년, 전남 여수 호남화력 1·2호기는 2021년, 충남 보령화력 1·2호기는 2025년에 각각 폐쇄하기로 한 것입니다. 강원 강릉 영동화력 1·2호기는 2017년부터 연료를 바이오매스로 변경하기로 하였습니다.

다음으로 20년 이상, 30년 미만의 석탄화력발전소 8기는 환경 설비를 교체하고, 성능을 개선해서 오염물질 배출을 줄이기로 했습니다. 20년 미만의 나머지 35기는 2019년까지 탈황·탈질소 설비를 보강하고, 가동 기간이 20년이 되면 고강도 성능개선을 하는 계획을 세웠습니다.

문제는 현재 건설 중인 20기의 석탄화력발전소입니다. 이 중

11기는 이미 공정률 90% 이상입니다. 산자부는 우선 이 11기에 대해선 기존보다 2~3배 강화된 오염물질 기준을 적용하기로 하고, 나머지 9기에 대해선 더 강화된 기준인 영흥화력발전소 건설시 적용된 배출 기준을 적용하기로 하였습니다. 이 20기 외에는 새로운 신규 건설 계획은 금지하기로 하였습니다. 하지만 비록 더 이상의 신규 건설은 없다고는 하나, 결과적으로 석탄화력발전소의 설비용량은 2014년 26,274MW에서 2029년 44,018MW로 약 70% 가까이 증가하게 됩니다. 이는 폐쇄하거나 다른 연료로 전환하는 노후 발전소 10기의 설비용량이 3,345MW인 데 비해, 신규 20기의 설비 용량이 16,100MW로 거의 다섯 배에 달하기 때문입니다. 이는 최근 전력 사용량이 증가세를 멈추었다는 점에서도 과잉투자라는 문제가 있을 뿐 아니라, 기후변화 대응을 위해 재생에너지로 전환해야 한다는 국제사회의 합의와 배치됩니다.

게다가 아무리 새로운 환경 설비를 한다고 해도 오염물질이 배출됩니다. 그린피스는 2030년까지 충남에 계획 중인 석탄화력발전소 9기가 준공되면 수도권 지역 초미세먼지 농도가 최대 19㎍/m³까지 오를 수 있으며, 발전소 인근 지역에서도 매년 수백 명이 조기 사망할 것이라는 연구 결과를 내놓았습니다. 2016년 감사원 보고서에 실린 한국환경정책평가원의 분석 결과 또한 유사합니다. 충남 지역 발전소의 수도권 대기오염 기여율이 미세먼지는 3~21%, 초미세먼지는 4~28%에 이르며, 이는 주로 4월, 7월, 10월에 집중됩니다.

현실성 없는 친환경차 보급 정책

미세먼지 특별대책의 비현실적 부분 중 하나는 2017년부터

[표 25] 친환경차 등록 현황

	2012년	2013년	2014년	2015년	2016년
전기차	860	1,464	2,775	5,712	10,855
수소차	–	–	–	29	87
하이브리드	75,003	103,580	137,522	174,620	233,216
소계 (비율)	75,863 (0.4%)	105,044 (0.5%)	140,297 (0.7%)	180,361 (0.9%)	244,158 (1.1%)
전체 대수	18,870,533	19,400,864	20,117,955	20,989,885	21,803,351

출처: 국토교통부 보도자료(2017. 1. 17).

4년에 걸쳐 대책을 시행하여, 2020년에는 전체 신차 판매 중 친환경자동차가 차지하는 비율을 30%로 만들겠다는 부분입니다. 이를 통해 2020년까지 친환경자동차 총 150만 대가 보급되도록 하겠다는 것입니다.

2016년 한 해 183만 5천 대의 새로운 자동차가 등록되는 동안, 친환경자동차는 전기차, 수소차, 하이브리드차를 통틀어 6만 3천 대가 새롭게 등록되었습니다. 신차 판매의 3.4%밖에 안 되는 수치입니다. 2015년에도 184만 7천 대의 신규 등록된 자동차 중 2.2%인 약 4만여 대의 친환경차가 새롭게 등록되었습니다. 2020년에 신차 중 친환경차 판매 비율 30%를 달성하기는 어려워 보이는 수치입니다.

지금까지 친환경차 보급 정책이 어떻게 추진되어 왔는가를 살펴보면 더욱더 이후의 실행이 잘 되리라 낙관하기 어렵습니다.

먼저 전기차Battery Electric Vehicle, BEV의 경우를 살펴보겠습니다. 환경부는 2015년 3월 제주 전기자동차 엑스포에서 2020년까지 20만 대의 전기차를 보급하겠다고 발표하였습니다. 이는 2차 기본계획의 10만 4백 대에 비해 두 배나 큰 목표를 제시한 것이었습니다. 구체적으로 2015년에 3천 대, 2016년에 1만 대, 2017년 3만 대에서 이후 매년 1만 대씩 판매량을 늘려 2020년에는 한 해 6만 4천 대가 새롭게 보급되도록 하겠다고 했습니다.

그러나 목표치는 예산편성 과정에서부터 축소되었습니다. 2016년 예산편성 시에 보조금이 20% 삭감되어 전기차 보급 목표는 8천 대로 줄어들었습니다. 2017년도 예산 또한 크게 삭감되어 목표치는 3만 대에서 1만 4천 대로 축소되었습니다. 실제로 전기차 구매 또한 목표에 크게 미치지 못했습니다. 국고 보조금이 줄어들고, 테슬라나 볼트 등 신차 출시에 대한 기대 등으로 2016년 한 해 전기차 구매는 5,143대 이루어졌습니다.

이러한 판매 부진을 타개하기 위해 정부는 2016년 7월부터, 대당 300만 원 줄여 1,200만 원이던 국고 보조금을 200만 원 올려 1,400만 원으로 하였고, 2017년 1월부터는 kWh당 313.1원이던 급속충전요금을 173.8원으로 44% 인하하고, 그린카드 사용 시 50% 추가 할인하여 전기차 충전요금 부담을 대폭 줄였습니다. 한편 2017년 말까지 2만여 기의 충전 시설도 갖추겠다고 합니다. 현재 충전 후 주행거리가 300km 넘는 모델도 새로 출시되고 있으니, 2017년에는 전기자동차 수요가 2016년에 비해 더 많아질 것으로 예상하고 있습니다.

그나마 하이브리드자동차HEV 보급은 상대적으로 나은 편입니다. 2016년에는 보급대수 3만 3천 대를 목표로 대당 1백만 원의 구매 보조금을 지원하기로 하였는데, 실제 보급대수는 5만 8천 대로 계획치인 4만 9천 대를 뛰어넘었습니다. 2017년에는 5만 300대에 대해 예산이 편성되었고, 계획 목표는 7만 3천 대로 목표를 달성할 가능성이 있습니다. 구매 보조금과 함께 세금 감면 혜택과 연료비 절감을 기대할 수 있어 그나마 구매가 일어나고 있는 것입니다.

그러나 앞으로 이러한 판매 상승추세가 이어질지는 미지수입니다. 하이브리드차의 경우 구조가 복잡하여 수리비가 일반 내연기관 자동차에 비해 더 많이 발생할 수 있으며, 시중에 판매되는 하이브리드 차종이 다양하지 않기 때문입니다.

너무 느린 미세먼지 비상저감조치

마지막으로 환경부는 2016년 12월 28일 수도권 고농도 미세먼지 비상대책을 발표했습니다. 먼저 2017년부터 1단계 시범사업으로 수도권 630여 개 행정·공공기관의 차량 2부제와 공공사업장과 건설공사장의 조업 단축을 하기로 하였습니다. 여기에 더해 민간부문 건설공사장과 대규모 오염물질 배출사업장은 자발적 협약을 통해 참여를 유도키로 했습니다. 2018년 이후에는 시범사업 효과를 분석하여, 차량 부제 협의체와 과태료 부과 근거를 법제화하여, 수도권 내 모든 차량에 대해 시행할 예정이며, 2020년 이후에는 수도권 외 지역에도 단계적으로 적용할 계획입니다.

차량 2부제의 경우 이미 그 효과가 국내외적으로 입증되었다는 점에서 시범사업을 거쳐 2018년 이후에나 시행하겠다는 것은 너무 늦다는 비판이 나오고 있습니다. 국내의 경우 1988년 올림픽, 2002년 월드컵과 부산 하계 아시안게임, 2010년 G20 정상회의, 2012년 핵안보 정상회의 시기 차량 2부제가 실시되었습니다. 2002년 당시 차량 2부제는 서울의 대기오염을 줄이는 데 실제로 효과가 있었습니다. 서울 내 이산화질소 및 미세먼지 배출량이 줄어들었을 뿐만 아니라, 실제 대기 중 농도 또한 줄어들었습니다. 베이징 또한 2014년 APEC 회의 기간 동안 차량 2부제를 실시해 초미세먼지 일일 평균농도를 무려 55%나 줄였습니다.

특별하지 않은 미세먼지 특별대책이 만들어진 이유는 대통령부터 장차관까지 미세먼지에 대해 무관심했을 뿐만 아니라, 조직 체계상으로도 관련 정책에 대한 장기적인 시야가 결여되어 있었기 때문입니다. 2007년 경유차 배출가스 저감사업이 비판을 받을 당시, 특별대책반을 만들어 매일 장관에게 직접 보고하며 의미 있는 대응을 했던 환경부는 2016년에는 제대로 된 대응을 하지 못했습니다.

해를 이어가며 고농도 미세먼지 일이 계속되고, 2016년 봄 내내 시민들의 불안과 불만이 들끓었는데도 불구하고 정부는 아무런 대응을 하지 않았습니다. 그나마도 2016년 5월에 들어 대통령의 특별 지시가 있고 난 이후에야 소관부서인 환경부에 특별대책반이 겨우 생겨났습니다. 이후 발표된 특별대책과 세부이행계획도 재탕이거나 미확정인 부분이 너무나 많았습니다.

환경부가 내부적으로 얼마나 미세먼지 문제에 무관심했는지는 미세먼지 농도가 연일 기준치를 넘던 때에 담당자가 공석이었다는 점에서 알 수 있습니다. 미세먼지 대책 중 이동오염원을 담당하는 사무관이 2월 말에 퇴직한 후, 20여 일 이상 후임자가 발령되지 않았습니다. 3월 내내 미세먼지로 문제였지만 그 시기 담당자가 없었던 것입니다.

미세먼지 특별대책의 세부이행계획을 발표하던 7월 당시 담당자들은 대부분 업무를 맡은 지 채 1년이 안 되었던 상태였습니다. 세부이행계획 발표를 하였던 환경부 차관은 당시 두 달 되었습니다. 실무를 하는 담당자들 또한 크게 다르지 않았습니다. 기후대기정책관도 업무를 맡은 지 반 년 정도밖에 되지 않았습니다. 자동차와 건설기계 등 이동오염원의 배출가스 저감 대책을 담당하는 교통환경과의 과장은 1년이 채 되지 않았으며, 운행차 대책 담당 서기관 또한 업무를 한 지 4개월밖에 되지 않았습니다. 경유차 배출가스 저감 대책을 책임지는 국장–과장–서기관이 이 일을 한 지 평균 7개월밖에 안 되는 상황에서 깊이있는 정책의 수립과 집행을 요구하는 것은 어려운 일일 것입니다.

미세먼지 등 대기오염 저감 정책은 오염원이 복잡 다양하고 이해 당사자도 매우 많기 때문에 이에 대한 정책 수단을 선택하고 집행하는 것도 아주 복잡합니다. 미세먼지 대책 등 대기 정책에서 환경부 내에서 장기적 시야를 가지고 전문성 있는 관료를 키우는 체계 마련이 매우 절실하다 하겠습니다.

최근 미세먼지에 대한 많은 기사가 나오고 있습니다. 대부분 유용한 기사들이지만, 잘못된 내용을 담고 있어 오해를 불러올 수 있는 기사도 있습니다. 문제가 될 만한 기사를 몇몇 살펴보며 오해를 풀어보겠습니다.

「미세먼지의 오해와 진실…, 황사 땐 중국, 여름엔 한국이 주범」
— 2015년 5월 8일, ㅁ신문

… 미세먼지가 모두 발암물질이라는 것도 오해의 소지가 높다. 미세먼지 문제가 심각하게 받아들여지게 된 것은 2013년 10월 세계보건기구(WHO)가 미세먼지를 1급 발암물질로 분류한 영향이다. 미세먼지는 지름이 10㎛(마이크로미터, 1㎛=1000분의 1㎜) 이하인 미세먼지(PM10)와 2.5㎛ 이하인 초미세먼지(PM2.5)로 구분된다. 이 중 1급 발암물질로 지정된 건 초미세먼지다. (…)

앞서 1장의 부록에서 세계보건기구 산하 국제암연구소의 발표문을 살펴보신 분들은 이 기사의 문제점을 알아채셨을 겁니다. 초미세먼지, 즉 PM2.5만이 발암물질로 지정된 것이 아닙니다. 국제암연구소는 대기오염 자체가 문제이기에 1군 발암물질로 지정하며, 미세먼지 또한 1군 발암물질로 지정한다고 발표하였습니다. 질의응답에서도 대기오염을 측정하고 연구하는데 PM10과 PM2.5 측정치가 쓰이고 있다고 밝혔습니다. 그 이전에 이미 디젤엔진의 배기가스 또한 1군 발암물질로 지정되었다는 것 또한 말씀드렸습니다. 이 배기가스의 입자 대부분이 초미세먼지보다 작다는 것도 다시 한번 기억하시길 바랍니다.

「'매연차' 낙인, 디젤차 모두 없애자고?」
— 2016년 5월 14일, ㄱ신문

… 자동차가 1㎞ 달릴 때 디젤승용차 배기가스에서 먼지 5㎎이 발생하는 반면, 타이어 마모 먼지는 100㎎으로 20배 더 많다. (…)

자동차 배기가스보다 자동차 타이어 마모 먼지가 20배 더 많다는 충격적인 내용입니다. 하지만 이는 심각한 오보입니다. 이 보도는 2012년 11월에 나온 '타이어 및 브레이크 패드 마모에 의한 비산먼지 배출량 및 위해성 조사'를 토대로 나온 것입니다. 하지만 동일한 보고서에서는 1991년 만들어진 국내 배출계수가 유럽 배출계수에 비해 9~10배 더 많은 값이 나오게

한다고 조사되었습니다. 즉, 국내의 타이어 마모 배출계수를 적용할 경우 타이어 마모에 따른 미세먼지 배출량이 과대평가될 가능성이 있다는 것을 알고 있으면서 오해의 소지가 큰 보도를 한 것입니다.

가솔린직분사(Gasoline Direct Injection, GDI)엔진 차량은 입자상물질을 배출하는가?

맞는 지적입니다. 직접 연료를 엔진의 연소실에 분사하는 GDI 방식의 휘발유차는 입자상물질인 미세입자를 배출합니다. 그런데, 이 기사는 우리나라에서 GDI엔진 휘발유차에 미세입자 배출기준이 없는 것으로 읽힐 수도 있습니다.

대기환경보전법에는 2013년 1월 1일 이후 신차 인증을 받는 차량에 대하여 "직접분사GDI 엔진을 사용하는 자동차의 입자상물질 배출허용기준은 0.004g/km 이하로 한다"(시행규칙 별표 17 제작차 배출허용기준 24)라고 기술되어 있습니다. 입자상물질을 0.004g/km 초과하여 배출하는 자동차는 인증을 받지 못하여 판매할 수 없습니다.

이 기준은 2016년 1월 1일부터 "경자동차, 소형 승용·화물자동차, 중형 승용·화물자동차의 CVS-75 모드의 입자상물질 배출허용기준은 0.002g/km 이하로 한다"로 더 강화되었습니다. 즉, GDI엔진 차량이라고 입자상물질을 마음껏 배출할 수 있는 게 아닙니다. 다만, 경유자동차처럼 PM2.5의 관리 강화를 위해 입자 개수의 기준을 정할 필요는 있습니다. 경유자동차는 2014년 1월 1일부터 신차에 대해 '유로[Euro] 6'(유럽연합이 정한 경유차 배기가스 규제 단계) 기준이 적용되어 경·소형, 중형 승용차와 소형·중형 화물차의 입자상물질 허용기준은 0.0045g/km 이하입니다.

「정부·지자체, 경유차 폐차 지원금 엇박자」
— 2016년 7월 12일, 종편TV

… 최근 정부가 오래된 경유차 폐차 시 지원금을 준다는 계획을 발표했지만, 정작 일선 자치단체는 재정난 때문에 지원금 시행은 엄두도 못 내고 있습니다.
정부가 지난 1일 미세먼지 대책의 하나로 노후 경유차 폐차 지원안 세부 계획안을 발표했습니다. 정부와 지자체가 지원금을 절반씩 부담하는 매칭펀드 방식입니다. 노후차를 폐차하고 새 차를 구입하면 최대 143만 원 싸게 살 수 있게 지원금을 주는 겁니다. 하지만 일선 자치단체는 아무런 준비도 못한 상황. (…)

이 기사는 조기폐차 지원 제도와 신차 구매 시 개별소비세 감면 제도를 뒤섞어서 이야기하고 있습니다. 먼저 오래된 경유차를 폐차하면 지원금을 주는 조기폐차 지원 제도는 2005년부터 시행하고 있는 사업입니다. 경기도 광주의 경우 2015년 말 수도권 대기관리권역에 포함되면서, 2016년 4월 말 조기폐차 제도가 처음 시행되었습니다. 사업 첫 해로 편성된 예산액이 적어 6월 말에 사업이 종료되었습니다. 예산은 환경부 50%, 경기도 25%, 광주 25%로 편성됩니다.

조기폐차 지원 제도의 대상 차량은 2005년 12월 31일(광주시는 2002년 12월 31일)까지 생산된, 수도권에 2년 이상 등록된 경유차입니다. '총중량 3.5톤 이하 자동차의 경우 자차가액의 100%를 기준으로 상한액 없이(2000년 말까지 제작) 또는 165만원(2001년 1월 ~ 2005년 12월 제작)의 보조금을 조기폐차 후 차주에게 지급합니다.

이와 달리 2006년식 이전의 경유차를 폐차하고 신차 구매 시 개별소비세를 70% 감면해주는 제도는 정부가 2016년 12월부터 2017년 상반기 시한으로 시행하고 있습니다. 이는 신차에 부과되는 세금을 깎아주므로 지자체 예산과는 상관이 없습니다.

「공기 질 좋아질까?」

— 2016년 8월 5일, 종편TV

… 4.5톤 트럭의 경우, 배기가스 저감장치를 다는 데만 수백만 원, 새 차를 살 경우엔 8천만 원 정도가 듭니다. 이들 대부분은 채소나 과일 등을 싣고 다니는 영업용 트럭인데, 당장 5개월 후부터 생계가 막막한데도 이들에 대한 대책은 아무것도 없는거죠. (…)

한 종편TV에서 2016년 8월 4일에 수도권 3개 지자체가 수도권 노후 경유차 운행제한 조치를 2017년부터 실시하기로 합의한 것에 대해 생계형으로 노후트럭을 운행하는 서민들에 대한 고려가 부족하다는 비판을 하였습니다. 과연 그러할까요?

이번 조치는 해당 법률이 2008년에 공포되어 시행되었지만, 지자체와 환경부가 제대로 실시하지 않던 것을 미세먼지 저감을 위해 실행하자고 합의한 것입니다. 매연저감장치 설치비는 수백만 원 전액을 트럭 소유자가 부담하지 않습니다. 총액의 90~95%는 정부 보조금으로 부담합니다. 나머지 자기부담액도 대부분 제작사 할인이나, 폐차 시 납부로 약정하여 실제 부담하는 경우가 드뭅니다. 설사 몇십만 원을 부담했다고 하더라도, 저감장치 부착 후 3년간 환경개선 부담금이 면제되기 때문에

트럭 소유자에게는 금전적 부담이 없습니다. 이번 정부 발표에서 5~10%의 자기부담금도 정부 보조금을 상향하여 없애거나, 저감장치 부착명령인 저공해 조치를 저소득층에게는 최소화하겠다고 하였습니다.

종합검사를 받지 않거나 혹은 불합격하고서도 계속 운행할 시에 과태료를 부과하는 것은 자동차관리법상 이루어지는 조치입니다. 과태료를 납부하지 않으면 자동차등록원부에 압류가 등록되어 언젠가 납부하게 되어 있습니다. 종합검사에서는 배출가스 검사 외에도 전조등, 제동, 조향 등 도로주행의 안전과 관련된 모든 분야를 점검합니다. 생계수단이라는 이유로 유예할 수 없는 이유입니다. 이번 조치에서는 이를 더 강화하기 위해 운행 중 위반차량에 대해서 별도 과태료를 추가로 부과하기로 한 것입니다.

「박원순과 노후 경유차 정책」
— 2017년 1월 24일, ㄷ일보

… 노후 경유차 조기폐차 지원금이란 배기가스 정밀검사를 통과한 노후 경유차에 한해 폐차할 때 연식에 따라 잔존가액을 보상해주고 신차 구입 때 최대 143만 원까지 세금을 감면해주는 제도다. (…)

'배기가스 정밀검사 통과'라는 기준이 '관능검사 통과'로 바뀐다고 2016년 11월에 시행규칙 개정 입법예고가 되었습니다. 작년 국정감사에서 폐차할 차량을 정밀검사 통과를 위해 수리하게 만드는 탁상행정이라는 지적이 있었고, 환경부는 이를 반영하여 2017년 3월 15일부터 개정된 시행규칙을 시행하였습니다.

2005년식까지 등록된 경유차를 연식에 따라 잔존가액을 보상해주는 것은 조기폐차 지원이 맞지만, 2006년식까지 등록된 경유차를 폐차하고 신차를 구입하면 최대 143만 원까지 세금을 감면해주는 것은 조기폐차 지원이 아닙니다. 이는 조세특례제한법과 지방세특례제한법에 따른 별도 제도입니다. 대상 차량이 2005년까지와 2006년까지로 거의 같지만 근거법, 주관부처, 시행시기와 방법이 모두 다릅니다.

… 노후 경유차 운행 제한은 2012년 박원순 서울시장이 시 조례를 근거로 일부 지역(서울시 전역의 5%)에서 시작했지만 환경부가 이를 모델로 2015년 7월 '수도권 대기환경개선에 관한 특별법'을 제정하면서 전면 확대됐다. (…)

근거법 조항을 찾아보면 그렇지 않습니다. 해당 법 '제28조의 2'(배출가스 저감장치 미부착 차량 등의 운행제한)는 2008년 3월에 시행되었고, 이 법에 근거를 두고 조례가 나중에 제정되었습니다. 그 후 환경부는 수차례 연구용역을 하면서 시행코자 하였으나 정책집행 의지가 약하기도 하고 경유차 차주들 항의도 잇따르는 등의 이유로 제대로 되지 않다가 미세먼지 농도가 워낙 심해지며 시민들 불만이 커지면서 이제 시행을 하게 되었습니다.

③

미세먼지를
어떻게 줄여 나갈까?

경북에서 김천에만 미세먼지 주의보가?

공저자 중 한 사람이 경상북도 김천 혁신도시로 이사를 한 건 그리 오래된 일이 아닙니다. 2015년 7월이니 이미 미세먼지 문제에 대해 많이 알려진 뒤입니다. 이사하기 전에는 서울시 사당동에 살았기에 이제 공기 좋은 곳으로 가겠구나 안심하는 마음도 있었습니다.

그런데 이게 무슨 일이랍니까. 2016년 들어 자꾸만 김천에서 미세먼지 주의보와 초미세먼지 주의보가 발령되었습니다. 경북에서는 김천만 계속해서 발령이 되더군요. 김천 공기가 예상보다 나쁠 수 있다는 건 이해하겠지만, 왜 경북에서 하필 김천에서만 주의보가 울리는 것인지는 이해하기 어려웠습니다. 초미세먼지의 주발생원이 공장의 연소와 자동차 및 건설기계의 배출가스인데 말입니다. 공장으로 치면 바로 옆의 구미에 대규모 산업공단이 자리잡고 있습니다. 울산과 포항에도 중대형 공장이 훨씬 더 많습니다. 자동차나 건설기계를 고려한다고 하더라도 인구 14만의 김천시에 얼마나 많이 있겠습니까. 하다못해 석탄화력발전소도 김천시에는 없습니다.

이 의문은 참으로 허무하게 풀렸습니다. 2016년 1분기에 경상북도 전체에서 실제 가동되는 초미세먼지 측정소가 김천시에만 있었던 것입니다. 김천 외에 경상북도 다른 지역에는 측정소가 없어서 초미세먼지 농도를 알 수 없었고, 주의보가 발령될 수도 없었던 것입니다.

김천시의 초미세먼지 측정기는 김천시 신음동의 시청 옥상에 있습니다. 설치 기준인 '10m 이하'보다 높으니, 우리가 실제로 걸어가면서 호흡하는 초미세먼지 농도는 측정되어 발표되는 것보다 높을 가능성이 큽니다. 2016년 4월 10일 김천시 신음동의 측정기가 보여주는 미세먼지 일평균 농도는 137㎍/m³(1시간 농도 158㎍), 초미세먼지 일평균 농도는 67㎍/m³(1시간 농도 98㎍)으로 둘 다 '나쁨'이었습니다. 정부 기준치보다 높습니다. 공기 좋다고 믿었던 김천시의 배신은 누구 탓입니까? 이러한 김천시의 배신 이유를 알게 된 데는 녹색당 '미세먼지 원정대'의 역할이 컸습니다.

녹색당의 미세먼지 정책 제안

2016년 1월, 작은 원외 정당인 녹색당에서 '미세먼지 원정대'가 출범하였습니다. 2012년 3월 창당한 녹색당은 2016년 말에야 당원이 1만 명을 넘을 정도로 미약하고 작은 정당입니다. 하지만 생태와 환경, 인권을 지향하는 정당으로서 2014년 지방선거 때부터 미세먼지 문제를 주목해온 녹색당이 미세먼지 원정대를 출범시킨 건 너무나 당연한 행보였습니다.

미세먼지 원정대는 미세먼지의 실태와 원인을 분석하고 대책을 마련하고 알리는 활동에 들어갔습니다. 관련 전문가와 활동가를 초청한 간담회를 개최하고, 초미세먼지로 피해를 받고 있거나, 받고 있을 가능성이 큰 천식환자, 유치원생, 실외업무 종사자들과 대화를 나누었습니다. 또한 초미세먼지 농도가 높은 지역을 방문하여 정당연설회를 개최하여 문제의 심각성을 알리기도 했습니다.

미세먼지 원정대가 제일 먼저 요구한 자료 중 하나가 2015년부터 측정되기 시작한 지역별 초미세먼지 농도입니다. 녹색당이 16개 광역지자체에 요청한 정보 청구로 이 자료를 취합한 결과 전국 대부분이 법정 관리기준을 넘는다는 사실을 알게 되었습니다. 전국 132개 측정소에서 측정한 초미세먼지 연평균

농도는 26.5$\mu g/m^3$으로, 법정 관리기준 25$\mu g/m^3$을 넘었습니다. 이는 세계보건기구 권고기준 10$\mu g/m^3$과는 비교하기도 민망한 수치입니다.

녹색당은 광역지자체별 초미세먼지 농도도 공개하였습니다. 세종시를 제외한 16개 광역지자체 중 10개 지역이 정부 관리기준을 넘었습니다. 초미세먼지 연평균 관리기준 25$\mu g/m^3$을 넘은 지역은 경기도(29.0$\mu g/m^3$), 인천시(29.0$\mu g/m^3$), 충청북도(32.9$\mu g/m^3$), 대전시(26.0$\mu g/m^3$), 전라북도(34.0$\mu g/m^3$), 광주시(26.0$\mu g/m^3$), 경상북도(29.0$\mu g/m^3$), 대구시(27.3$\mu g/m^3$), 경상남

[표 26] 광역지자체별 초미세먼지(PM2.5) 연평균 농도 (2015년)

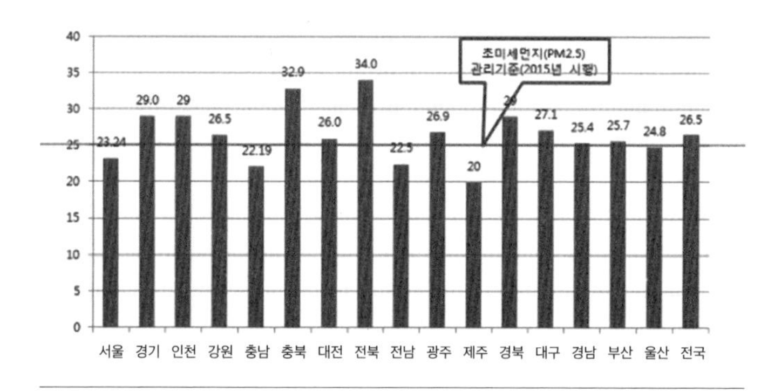

출처: 녹색당 보도자료(2016. 2. 4) '각 광역지자체 정보공개청구 자료'.

도(25.4μg/m³), 부산시(25.7μg/m³)였습니다. 연평균이 아닌 일평균(24시간)으로 하면 법정 관리기준을 넘는 정도가 훨씬 심합니다.

2016년 4월 국회의원 총선거를 맞이하여 녹색당은 선거구호로 '미세먼지와 싸우는 녹색당'이라는 문구를 내놓고 미세먼지에 대한 정책들을 제시하였습니다. 중요한 정치 사안도 많은데 왜 하필 미세먼지를 내세우는가 하는 비아냥도 있었습니다. 하지만 그 무엇보다도 우리의 일상을 위협하는 문제에 대해서 해답을 찾아가는 것, 그게 바로 중요한 정치의 영역 아닐까 생각합니다.

3장 '미세먼지를 어떻게 줄여 나갈까?'는 녹색당이 앞서 개척한 길을 많이 참고하였습니다. 저자들이 본격적인 제안과 설명을 하기에 앞서, 녹색당의 미세먼지 정책을 먼저 제시하기도 했습니다. 물론 어느 정당을 지지하건, 어떤 정당에 가입했건, 가입하지 않았건 우리는 숨을 마시면서 미세먼지도 함께 마십니다. 공기에는 정파가 없습니다. 미세먼지를 줄이는 데 각 당이 각자의 방식으로 최선을 다해야 합니다. 모든 정당이 최선을 다하길 바라는 마음으로 이 책 또한 쓰여졌습니다.

미세먼지 환경기준을 강화하자

○ 초미세먼지 관리기준을 WHO 권고기준으로 강화: 현행 초미세먼지 관리기준 25㎍/m³을 2030년까지 WHO 권고기준인 10㎍/m³으로 강화한다. (녹색당, 2016. 2. 4)

앞서 정부는 2차 기본계획에서 2024년까지 미세먼지는 30㎍/m³, 초미세먼지는 20㎍/m³으로 낮추겠다는 목표를 세운 바 있습니다. 이후 2016년 6월 발표된 미세먼지 관리 특별대책에서는 초미세먼지 목표를 3년 앞당겨 2021년에 20㎍/m³ 목표를 달성하고, 2026년까지는 유럽 주요도시 수준인 18㎍/m³으로 낮추겠다는 목표를 잡았습니다.

여러 나라별로 초미세먼지 환경기준을 살펴보면 한국의 기준이 지나치게 느슨하다는 것을 알 수 있습니다. 세계보건기구의 경우 권고기준이 10㎍/m³이며, 가장 엄격한 호주는 8㎍/m³, 캐나다는 10㎍/m³, 미국은 12㎍/m³, 일본은 15㎍/m³입니다. 한국 정부가 2026년까지 유럽 주요도시 수준인 18㎍/m³으로 낮추겠다고 했지만, 유럽 주요도시들은 이미 미세먼지 문제를 심각하게 받아들이고 관리기준을 더 낮추고 있습니다.

이런 점에서 '유럽 주요도시 미세먼지 농도' 수준이라는 애매

모호한 목표보다는 세계보건기구가 권고한 기준을 목표로 설정하면서, 더욱 강화된 초미세먼지 관리기준을 내놓을 필요가 있습니다. 또한 이런 목표 아래 이를 달성하기 위한 강력한 대책을 내놓아야 합니다. 기준을 어디에 놓느냐가 바로 미세먼지 문제에 대해 얼마나 심각하게 받아들이고 있는지를 보여주는 척도일 것입니다.

지역별 측정망을 확대해야 한다

○ 지역별 측정망 확대 및 설치장소 조정: 현행 152개 초미세먼지 측정소를 계속 확충해나가며, 특히 측정소 개수가 적은 충남, 전남, 경북 등의 지역은 시급히 확충한다. 또한 10미터 이상 높이에 설치된 측정소의 위치를 조정한다. (녹색당, 2016. 2. 4)

미세먼지 관리의 가장 기본이라고 할 수 있는 측정소의 경우에도 지역별로 편차가 큽니다. 미세먼지 관리 특별대책에서는 2018년까지 초미세먼지 측정망 수준을 미세먼지 측정소 수준인 287개소로 늘리겠다고 약속하였습니다. 그러나 현재 설치되어 있는 미세먼지 측정망의 경우에도 여러 문제가 있습니다.

[표 27] 초미세먼지 측정소 현황

(2016년 2월 기준)

지역	측정소	비 고
서울	25개	• 측정 지역: 종로35가길, 덕수궁길, 한남대로, 뚝섬로, 광나루로, 천호대로13길, 용마산로, 삼양로2길, 덕릉로41길, 시루봉로2길, 상계로23길, 진흥로, 연희로32길, 대흥로20길, 은행정로11가길, 강서로45가길, 가마산로27길, 금하로21길, 양산로23길, 사당로16가길, 신림동길, 신반포로15길, 학동로, 올림픽로, 구천면로42길
경기	13개	• 측정지역: 수원/ 인계동, 광교동, 영통동; 성남/운중동; 안산/원시동, 부곡동, 대부동; 구리/동구동; 의왕/고전동; 김포/고촌면; 하남/신장동; 부천/오정동; 양평/양평읍
인천	16개 (7개)	• 측정 지역: 연희, 고잔, 송해, 계산, 운서, 신흥, 구월 • 미측정 지역: 검단, 원당, 석남, 송림, 논현, 동춘, 부평, 석바위, 송현
강원	7개 (4개)	• 측정 지역: 춘천/중앙로, 석사동; 원주/중앙동; 강릉/옥천동 • 미측정 지역: 원주시 명륜동, 동해시 천곡동, 삼척시 남양동
충남	1개	• 측정 지역: 천안/성황동
충북	10개	• 측정 지역: 청주/송정동, 사천동, 문화동, 용암동, 복대동; 충주/호암동, 칠금동; 제천/장락동; 단양/매포읍
대전	3개	• 측정 지역: 성남동, 노은동, 정림동
전북	10개	• 측정 지역: 전주/중앙동, 금암동; 군산/소룡동, 개정동; 익산/팔봉동, 모현동; 남원/죽항동; 김제/요촌동; 고창/고창읍; 부안/부안읍
전남	3개 (2개)	• 측정 지역: 순천/장천동, 연향동 • 미측정 지역: 목포시 부흥동

지역	측정소	비 고
광주	7개	• 측정 지역: 건국동, 두암동, 송정동, 오선동, 주월동, 서석동, 차평동
제주	3개	• 측정 지역: 제주/이도동, 연동; 서귀포/동홍동
경북	4개 (1개)	• 측정 지역: 김천 • 미측정 지역: 구미시 원평동, 형곡동, 4공단
대구	8개	• 측정 지역: 서호동, 태전동, 지산동, 만촌동, 호림동, 현풍면, 이현동, 평리동
경남	11개	• 측정 지역: 창원/가음정동, 용지동, 회원동, 경화동; 진주/상봉동, 상대동; 사천/사천읍; 김해/장유동; 거제/아주동; 양산/북부동; 하동/하동읍
부산	21개	• 측정 지역: 광복동, 장림동, 학장동, 덕천동, 연산동, 대연동, 청룡동, 전포동, 태종대, 기장읍, 대저동, 부곡동, 광안동, 명장동, 녹산동, 정관면, 좌동, 수정동, 대신동, 온천동, 초량동
울산	6개	• 측정 지역: 성남동, 야음동, 대송동, 농소동, 화산리, 삼남면
전국	145개 (132개)	—

출처: 녹색당 보도자료(2016. 2. 4) '각 광역지자체 정보공개청구 자료'.
* 괄호 안의 숫자가 실제 측정하는 측정소 숫자이다. 미측정 지역은 측정소가 있지만 실제로는 작동하지 않아 측정이 이루어지지 않는 곳이다.

2016년 8월 기준 한국의 총 262개소의 미세먼지 측정소 중 38.5%인 101개소가 특별시와 광역시에 설치되어 있습니다. 초미세먼지 측정소의 경우 총 152개소 중 53.3%인 81개소가 특별시와 광역시에 설치되어 있습니다. 이는 시·도 면적 대비 측정소 밀도로 나타내면 더 잘 보입니다. 미세먼지 측정소의 경우에 천 제곱킬로미터당 서울은 41.3개소, 부산은 24.7개소, 인천은 14.3개소가 있습니다. 이에 반해 강원도는 0.4개소, 경상북도는 0.7개소, 충청남도는 0.9개소입니다.

측정소가 지역별로 고르게 설치되어야 할 뿐 아니라 제대로 운영되어야 할 필요도 있습니다. 감사원의 감사 결과 수도권 지역의 미세먼지 자동측정기 중 17대(16%)가 일반적으로 허용되는 오차율인 10%를 초과했습니다. 초미세먼지 측정기도 형식승인 기준으로 65대 중 35대가 불합격하였다고 하니 측정값을 믿기 어려운 상황입니다. 이와 함께 설치되는 장소 또한 10미터 이상 높이에 설치되지 않도록 해야 실제 시민들이 숨쉬는 공기의 미세먼지 농도를 제대로 측정할 수 있을 것입니다.

신규 석탄화력발전소 건설을 중단하고 규제를 강화하자

○ 계획 중인 신규 석탄화력발전소 건설 중단: 온실가스뿐만 아니라 초미세먼지, 그리고 전구물질인 질소산화물(NOx)을 대량으로 배출할 뿐만 아니라 발전설비 과잉 문제를 야기하는 신규 석탄화력

발전소의 건설을 중단한다.

○ (초)미세먼지 경보시, 석탄화력발전소 가동 중지 및 LNG 발전 대체 가동: 초미세먼지 경보 발동시 초미세먼지 및 전구물질을 대량 배출하는 석탄화력발전소의 가동을 중지하고 LNG 발전소로 대체 발전하는 방안을 검토한다.

○ 대기환경보전법상에 초미세먼지 관련 규정의 명시화: 초미세먼지를 생성시키는 전구물질에 관한 과학적 이해를 반영하고, 질소산화물(NOx)에 대한 배출 기본부담금 및 초과부담금 조항을 마련한다. (녹색당, 2016. 2. 4)

미세먼지 관리 특별대책에서 노후 석탄화력발전소 10기를 폐쇄하거나 연료 전환하기로 하였지만, 여전히 20기의 석탄화력발전소가 건설되고 있다는 이야기를 드렸습니다. 계획대로 신규 석탄화력발전소가 모두 완공되면 2030년 석탄화력발전소의 설비용량은 지금보다 70% 증가하게 됩니다. 이를 막기 위해서 가장 먼저 필요한 것은 신규 석탄화력발전소를 모두 중단시키는 것입니다.

이런 이야기가 나오면 가장 먼저 나오는 반론이 전력소비를 어떻게 감당하느냐 하는 것입니다. 하지만 이미 경제성장률만큼 전력소비량이 증가하던 시대는 끝났습니다. 2013년 이후로 전력수요 증가율은 경제성장률 아래로 떨어졌습니다. 2014년에는 0.6%, 2015년에는 1.3% 증가에 그쳤습니다. 이제 여러 전문가들도 이러한 추세가 일시적인 현상이 아닐 수 있다고 보고 있습니다. 문제는 신규 석탄화력발전소 20기를 승인한 기존의 계획들은 전력수요 증가율이 매년 2.2%에 달할 것이라고 가정하고 세워졌다는 것입니다. 이미 가동하고 있는 석탄화력발전소를 잘 관리하면서, 새로이 건설되거나 계획되고 있는 석탄화력발전소를 멈출 수 있습니다.

이러한 장기 대책 외에도 단기적으로는 (초)미세먼지 경보 시 석탄화력발전소 가동을 일시 중지하고, LNG(액화천연가스) 발전소부터 가동하는 방안을 고려할 필요가 있습니다. 현재는 전력거래소가 '경제급전방식'에 따라 발전기 중 가장 비용이 낮은 순서대로 발전량을 결정하고 있습니다. 그러나 이러한 방식은 대기오염으로 인한 외부비용을 고려하지 않은 방식으로 비판받고 있습니다. 대기오염물질 배출량을 고려해 비상시만이라도 석탄화력발전소를 중지시키고, LNG 발전소를 가동시킬 필요가 있습니다.

전력용량은 충분합니다. 평소 전력설비 예비율이 30%가 넘어가는 상황이어서, 전력수요에 비해 발전설비가 남아돌아 신생 LNG 발전소들은 적자에 허덕이고 있는 형편입니다. 국회예산정책처에 따르면 봄철 4개월 동안 가스발전소를 석탄발전소보다 우선적으로 가동하는 경우, 발전비용은 10% 증가하지만, 대기오염배출량은 37%나 줄어드는 것으로 나타났습니다.

마지막으로 대기환경보전법을 강화해야 합니다. 먼저, 발전소에 부과되는 오염물질 초과배출 부담금에는 질소산화물에 대한 조항이 없습니다. 먼지와 황산화물에 대해서도 규제가 너무 약합니다. 먼지에 대해서는 킬로그램당 770원, 황산화물에 대해서는 킬로그램당 500원에 불과한 돈이 부과됩니다. 그린피스에 따르면 2013년 발전 5개 사 전체에 대해 대기오염물질 초과배출로 인한 부담금 총합계액이 2,600만 원밖에 되지 않습니다. 이러니 발전소에서는 그냥 초과배출을 택하게 됩니다.

여기에 2015년 개정된 대기환경보전법에 규정된 대기오염물질 규제에서도 발전소는 특혜를 받고 있습니다. 법률에 따라 시도지사는 오염물질 배출이 기준을 초과하면 대기환경보전법 제 33~35조에 의거해 개선명령이나 조업정지명령, 폐쇄명령을 내리고 부담금이나 과징금을 징수할 수 있습니다. 하지만 석탄화력발전소는 '공익에 현저한 지장을 줄 우려가 있는 시설'로 분류되어 행정조치를 받지 않고, 현행법에 따라 2억 원 이하의 과징금만 부과됩니다. 이러한 솜방망이 처벌에 그치지 않으려면 더욱 강력한 처벌조항이 필요합니다.

수도권 경유차 저공해 조치를 강화하자

우리나라 수도권 대기정책 중 운행경유차 배출가스 저감 대책은 당근과 채찍의 방식으로 만들어져 있습니다. 매연저감장치를 부착하면 환경개선부담금이나 정밀검사를 3년간 면제해 주고 저감장치 부착을 위한 보조금 지원을 하는데, 부착하지 않으면 과태료 부과를 합니다.

2005년 이전 생산된 총중량 2.5톤(무쏘/쏘렌토/산타페 등 RV, 적재용량 1톤 화물트럭 등 대부분 경유차가 포함) 이상 수도권 경유차는 서울시/경기도/인천시가 저감장치 부착 명령을 내리거나 조기폐차 권유를 할 수 있습니다. 경유차 저공해 조치라고 하여 3개 지자체가 법의 위임사항에 대해 조례를 제정하여 시행하고 있습니다.

저감장치는 영구적으로 부착 당시 성능을 유지하지 않습니다. 부착 후 운행조건에 따라 다르겠지만, 4~6년이 지나면 장치는 붙어 있으되 있으나마나 한 수준이 될 수 있습니다. 저감장치 부착 차량도 배출가스 검사를 철저히 하여 장치 상태가 일정수준 미만이 되면 보조금을 주어서라도 조기폐차하도록 해야 합니다. 또한 저감장치는 미세먼지만 줄입니다. 2차로 미세먼지가 되는 질소산화물은 전혀 줄이지 못합니다. 저감장치 부착 대상 자동차의 연식과 상태를 엄격히 규정할 필요가 있습니다.

매연저감장치가 개발되지 않아 저공해 조치 대상이 아닌 경유차에 대한 관심이 더 필요합니다. 현재 저감장치를 미부착하고 수도권의 지정 장소를 운행 시 1차 적발하면 경고, 2차 적발 때부터 20만 원씩 과태료를 부과합니다. 하지만 저감장치가 개발되어 인증받지 않은 차종은 예외가 됩니다. 조기폐차 권유는 말 그대로 권유이니 해당 경유차 소유자가 거절하면 그만입니다.

저감장치는 엔진별로 특성에 맞게 달리 개발해야 하므로 판매수량이 적거나 기술적 어려움이 있으면 저감장치 제작회사는 수익성 관점에서 포기하게 됩니다. 쌍용자동차 무쏘/코란도/렉스톤 등이 주 대상입니다. 차종으로서 저감장치가 개발되었어도 저감장치 작동에 필요한 주행조건이 되지 않은 특수차들도 예외가 됩니다. 전체 약 45만 대 단속 대상 차량 중 8만 7,000대에 대한 저감장치가 개발이 완료되지 않았으니 구멍이 큽니다.

매연저감장치 미개발 경유차에 대하여 법 개정을 하여 저감장치가 자동차 생산 후 일정 기간 동안 개발 및 인증되지 않는 경우 조기폐차를 명령토록 할 수 있어야 합니다. 오염원의 제거가 그만큼 중요해지고 있기 때문입니다. 자동차 소유자의 저항이 크지 않도록 보조금액 상향 조정이 필요한데, 2017년부터 보조금의 지원율(자차가액의 85% → 100%)을 어느 정도 올리기도 했습니다.

조기폐차 지원 제도를 확대하자

○ 노후 자동차(경유차, 휘발유차 및 가스차 포함)의 조기폐차 지원 확대: 노후 자동차는 초미세먼지를 발생시키는 주요한 요인이기 때문에, 조기폐차 지원을 위한 예산을 확대한다. 노후 경유자동차를 우선하되 점차 노후 휘발유차와 가스차, 건설기계로 확대한다. (녹색당, 2016. 2. 4)

환경부의 「수도권지역 배출총량관리제 추진방안 연구」(2004. 8)에 따르면 경유자동차의 조기폐차는 오염물질 저감효과 분석 결과 배출가스 저감수단 중 투입대비 환경개선효과가 높은 것으로 평가(편익/비용 2.6~4.5)되었습니다. 또한 국회예산정책처의 「수도권 대기환경개선대책 사업평가」(2005. 7) 연구의 재정사업별 경제성 분석 결과에서도 배출가스 저감사업 중 가장 경제성 있는 것으로 나타났습니다.

2015년 상반기 기준 전국에 등록된 차령 15년 이상 화물트럭만 50만 대가 넘고, 차령이 10년 넘은 화물트럭도 전체 등록된 트럭 중 30%가 넘습니다. 중대형 화물트럭이 경유차 배출가스 중 3분의 2나 배출한다는 연구 보고도 있으니 중대형 화물트럭의 조기폐차 보상금액과 목표 차량 대수, 예산 총액을 더 늘릴 필요가 있습니다.

하지만 2015년 수도권에서 조기폐차 대상 확인서가 발급된 31,724대를 차종별로 정리해보니 중대형 트럭은 1% 미만에 지나지 않았습니다. 중대형 트럭의 소유자는 조기폐차를 원하지 않는다는 것을 보여줍니다. 이로써 볼 때 2017년도 중대형 트럭의 조기폐차도 아주 적을 것으로 예상됩니다. 이들은 모두 매연저감장치를 장착하였을까요? 장착한 저감장치는 계속 적정 성능을 유지하고 있을까요? 저감장치가 잘 가동되더라도 질소산화물은 그대로 배출되는데 이건 어쩔 수 없는 일일까요?

매연저감장치를 부착하지 않거나, 부착하였더라도 성능이 발휘되지 않는 중대형 트럭이 조기폐차되도록 하기 위해서는 효과적인 실행안이 만들어져야 합니다. 먼저 조기폐차 보조금을 더 올려야 합니다. 또한 신차 구매를 촉진하기 위해 계약금으로 활용하도록 제작사에 직접 지불도 검토하고, 차령 제한도

하고, 신규등록 제한에서 혜택도 주고, 가능한 모든 방법을 동원해야 합니다.

중대형 트럭은 노후할수록 도로주행 중이나 주정차상 안전 문제를 자주 일으켜서 버스나 택시처럼 차령 제한의 필요성이 커지고 있습니다. 안전상 문제에 더하여 중대형 화물트럭은 거의 전부 경유엔진을 탑재하여, 미세먼지나 질소산화물 등 배출가스를 많이 내뿜기 때문에 차령 제한이 더 필요해지고 있습니다.

이러한 차령 제한은 과도한 규제로 중대형 화물트럭 소유자의 생존권을 침해한다는 논란이 생길 가능성이 높습니다. 따라서 중장기 일정으로 단계적으로 도입하여야 합니다. 초기에는 17년 이상 된 노후 중대형 화물트럭부터 차령 제한을 하되 조기폐차 지원금(3.5톤 이상 6,000cc 이하 440만 원, 3.5톤 이상 6,000cc 초과 770만 원)을 차종에 따라 대폭 더 올려서 재산상 손실을 줄이고 저공해 트럭으로 대체하도록 지원을 동시에 해야 합니다. 노후 중대형 트럭을 계속 운행하여 사회 전체적으로 얻는 것보다는 안전불안과 대기오염으로 잃는 게 더 많습니다.

또한 현재는 저감장치를 부착한 경우 중복 혜택을 피하기 위해 조기폐차 대상에서 제외하고 있는데, 이를 보완하여 저감장치 미부착시 지급하는 조기폐차 보조금에서 저감장치 보조금을 뺀 차액만큼이라도 지원토록 하여 (예: 조기폐차 보조금 770만 원 ― 자연재생 대형 DPF 보조금 557만 원 = 223만 원) 이 오염원의 소유자가 자진하여 폐차하도록 유도해야 합니다.

조기폐차 대상 차종에 휘발유와 가스 원동기 차량도 포함시켜야 합니다. 경유차가 휘발유(가스)차보다 NOx, PM 배출량이 더 많으나, 노후 휘발유(가스)차가 CO, HC 배출량과 전체 오염물질의 배출총량에서 경유차보다 더 많기 때문입니다. 아래의 2008년 비교에서는 미세먼지만 정책상 저감 대상이었기에 측정하여 평가하였는데, 초미세먼지가 주요 저감 대상이 된 2차 기본계획에서는 노후 휘발유(가스)차의 초미세먼지 배출 기여도를 평가하여야 하며 NOx가 초미세먼지의 주원인이라는 점에서 노후 휘발유차도 조기폐차 대상으로 포함되어야 합니다. 2015년 12월 말 기준 승용차 1,656만 대가 등록되었는데 15년 이상된 승용차가 8%이며, 이들 모두가 휘발유(가스)자동차로 130만 대 이상입니다. 노후 경유차보다 등록되어 운행 중인 노후 휘발유(가스)자동차가 훨씬 많습니다.

노후 자동차 조기폐차 정책을 집행하는 데 있어 효율적이지 않은 부분도 고칠 필요가 있습니다. 조기폐차 정책을 담당하는 정부기관이 수도권에만 환경부, 수도권대기환경청, 그리고 서울시·인천시·경기도 3개 지자체가 있습니다. 여기에 환경부의

[표 28] 노후 휘발유차와 경유차 오염물질 비교

(기준: 연식 1998 , 소형 RV 차량)

구분	CO (g/km)	HC (g/km)	NOx (g/km)	PM (g/km)	총량 (g/km)
휘발유차	1.76	0.15	0.36	—	2.27
경유차	0.59	0.07	0.90	0.13	1.69

출처: 국립환경과학원(서울시 평균 시속 22.9km 적용).

지침에 따라 각 지자체는 조기폐차 접수와 성능검사를 한국자동차환경협회에 위임하였습니다. 한국자동차환경협회는 보조금 지급 업무 외에 대부분의 업무를 수행하고 있습니다. 이렇게 여러 기관이 역할을 분담하게 되면서 혼선이 생기고 있습니다. 게다가 한국자동차환경협회는 비정규직 직원을 다수 채용하고, 외부 직원을 파견받아 쓰는 등 업무의 연속성과 전문성이 담보되지 못하여 혼란을 자초하고 있습니다. 2017년에는 수도권 조기폐차 신청을 받기 시작한 지 3일 만에 신청이 너무 많이 들어왔다는 이유로 업무를 중단했다가 하루 만에 재개하기도 하였습니다.

2017년에 조기폐차가 어느 해보다도 많을 것이라는 건 예상된 일이었습니다. 먼저, 2016년 4만 8천 대의 조기폐차 목표에 비해, 2017년의 조기폐차 목표는 총 6만 대로 늘어났습니다. 두 번째로, 조기폐차 대상이 되는 노후 자동차도 2016년 3분기 동안에 7만 4천 대가 늘어났고, 이 중 절반이 경유차였습니다. 2006년까지 등록된 경유차를 폐차하고 신차를 살 때 개별소비세 70%와 취득세를 50% 감면해주는 정책이 2016년 7월 시행되려다 법률 개정이 늦어져 2017년 1월로 미루어지면서 폐차하지 않고 기다린 차량이 많았던 겁니다. 세 번째로 2016년도에 조기폐차하려고 하였지만, 7~8월에 예산이 고갈되면서 폐차하지 못하고 기다린 사람들이 많았습니다. 이렇게 신청 폭증이 예상되었음에도 불구하고 접수 중단과 재개 등 혼란이 빚어진 것은 업무 역량이 부족하고 사전 대응이 부족했기 때문입니다.

노후 자동차 조기폐차 정책은, 오래되어 많은 오염물질을 배출하는 오염원을 원천 제거한다는 점에서 매우 효율적인 정책입니다. 또한 배출가스 저감장치DPF나, NOx-PM 동시 저감장치, LPG 엔진 개조 등과 같은 다른 저감수단에 비해 사후 관리가 필요없다는 점에서 더 적극적으로 추진할 필요가 있습니다.

군대 경유차도 미세먼지 대책에 포함해야

정부는 2016년 6월에 미세먼지 특별대책을 발표하면서 미세먼지를 다량 배출하는 경유차·건설기계의 관리를 강화하고 특히 경유차에서 발생하는 미세먼지의 대폭 감축을 최우선 대책으로 내세웠습니다. 그런데, 어찌된 일인지 군대에서 운용하는 경유차는 대책에서 완전히 빠져 있습니다.

저자 중 한 사람이 일하는 '굿바이카' 폐차산업은 경기도 북부지방인 양주에 있습니다. 자정을 넘어 육군부대가 장갑차와 탱크, 군용 트럭으로 일반 도로를 주행하며 이동하거나 훈련하는 모습을 보면서 군대 자동차는 미세먼지 면제일까, 특수한 엔진으로 만들어 미세먼지가 전혀 나오지 않을까 하는 생각이 들었습니다. 그럴 리 없겠지요. 이를 운행하는 군인들은 물론이고, 부대 인근의 주민들 또한 건강상의 피해가 많을 것입니다.

국방은 특수하니까 예외로 취급해야 한다거나, 군대 자동차까지 미세먼지가 나오니마니 관심을 가져야 하느냐고 할 수 있습니다. 그런데, 그런 논리라면 산업경쟁력 향상과 경기활성화를 위해 대단위 사업장에서 배출되는 미세먼지의 관리강화나 비산먼지 규제 철저화는 나쁜 게 되거나 지나친 게 됩니다.

현재 군대 자동차는 자동차관리법 대상이 아니기 때문에 안전을 위한 정기검사를 받지 않으며, 자동차의 배출가스를 관리하는 대기환경보전법 대상도 아니기 때문에 배출가스 정밀검사도 받지 않습니다. 대기환경보전법상 자동차는 자동차관리법 규정에 따르는데, 자동차관리법상 군수품관리법에 따른 차량은 관리 대상 자동차에서 제외하기 때문입니다.

그렇다면 군대 자동차는 목적과 운전 조건, 운행 상태가 일반 자동차와 다르고 보안상의 필요도 있으니 안전을 위한 검사는 국방부가 자체 기준을 정하여 군 시설에서 점검하여 군수품으로 관리하는 게 마땅할 수 있겠습니다. 그런데, 군대 자동차나 장비의 배출가스를 점검하는 규정은 군수품관리법/시행령/시행규칙, 그 하위 규정인 군수품관리훈령, 그 어디에서도 찾을 수 없습니다.

군수품관리법 시행령 별표 [전비품]에서 [1. 전투장비]의 배출가스 검사는 어려울 수 있습니다. 그러나 [2. 전투지원장비] 중 기동에 속하는 트럭(지휘정찰, 작전연락, 장비가설, 병력 및 물자수송용), 견인차, 구난차, 통신가설차, 중장비 운반차 및 기타 군용 트럭은 관리할 수 있을 뿐만 아니라 필요합니다. 이들 차량은 대부분 경유엔진으로 운행되어 미세먼지와 질소산화물을 많이 배출하고, 일반 도로 주행도 자주 합니다. 따라서 대기환경보전법의 정밀검사에 준하는 검사기준을 만들어 정기적으로 검사하고 검사기준을 넘는 장비는 불용처리하거나 저감장치를 부착해야 합니다.

비도로이동오염원의 저공해 조치를 강화하자

○ 비도로이동오염원(불도저, 굴삭기, 건설 장비와 발전기, 선박 등)의 규제 강화: 건설 장비의 배출가스 기준 및 검사 방법을 신속히 정하여 실시하고, 사업장에서 운행하는 장비에서 배출하는 초미세먼지를 효율적으로 관리하기 위해서 대기환경보전법 43조의 '비산먼지'에 준해 관리하는 방법을 검토해야 한다. (녹색당, 2016. 2. 4)

환경부는 2차 기본계획에서 2025년 수도권 내 건설기계 등록대수가 2010년보다 17.7% 증가한 15만 대로 늘어날 것으로 예상하면서, 그 중 약 70%는 제작차 배출가스 규제제도Tier 도입 전인 2003년 이전에 생산되어 등록된 건설기계가 차지할 것으로 내다보았습니다. 이렇게 노후 건설기계가 큰 비중을 차지하면서 막대한 미세먼지를 배출할 것으로 예상되지만, 현재 환경부의 건설기계 저공해 조치는 매우 미흡하기만 합니다.

2008년 감사원은 환경부에 보낸 「경유자동차 배출가스 저감

[표 29] 건설기계 증가 전망

(단위: 만 대)

구분	2005년	2010년	2015년	2020년	2025년
전 국	32	37	41	43	44
수도권	11	13	14	15	15

출처: 국토교통부 홈페이지.

사업 추진실태」(2008. 1)라는 감사결과 처분요구서에서 "건설교통부장관과 협의하여 건설기계를 배출가스 저감사업 대상에 포함하는 등 건설기계에 대한 배출가스 저감 방안을 마련"하라고 통보한 바 있습니다. 이에 따라 환경부는 2차 기본계획의 주요 사업 중 '건설기계 저공해화 및 관리체계 구축'을 설정하고 2006년 이전에 생산된 노후 건설기계 50,000대를 2024년까지 저공해화하기 위해 배출가스 저감장치DPF 부착, 엔진 교체, 혼소엔진 개조 및 조기폐차 등을 추진하기로 하였으나, 실제로는 2종의 노후 건설기계 저공해화를 연 수백 대 수준으로 추진하는 데 그쳤습니다. 2016년 6월의 특별대책에서는 그나마 이를 강화한다고 2종을 4종으로 늘렸습니다.

건설기계는 자동차와 비교하여, 신차 배출가스 기준 적용은

2004년부터로 늦은 반면 노후 건설기계의 비율이 자동차에 비해 훨씬 더 높고, 정기 검사 시 배출가스 기준이 매우 느슨합니다. 미세먼지 배출원으로서는 더 심각한데, 2015년에 건설기계의 노후 엔진을 226대 교체한 게 저공해화 실적의 전부입니다. 이는 수도권에 등록된 건설기계의 0.15% 수준이니 정책 집행의 속도가 너무 느립니다. 사실상 무대책입니다.

한편, 2016년 8월 서울시는 2018년까지 3,600대의 건설기계를 저공해 조치 하는데 그 중 저감장치를 2,000대 부착하고 엔진 교체를 1,600대 하겠다고 발표하였습니다. 건설기계는 서울에서 발생하는 미세먼지의 17%를 차지하는 배출원으로서, 서울시에는 모두 4만 6,413대의 건설기계가 등록되어 있고 이 중 2004년 이전 등록된 노후 건설기계가 23,090대로 약 50%입니다. 저공해 조치 대상은 전체 건설기계 오염물질 배출량의 86.1%를 차지하는 5종(덤프트럭·콘크리트 펌프·콘크리트 믹서트럭·굴삭기·지게차)으로, 이들 5종에 대해서는 저공해화 비용의 80~95%까지 정부 보조금을 지원합니다. 그런데 건설기계 3,600대 저공해 조치를 목표대로 완료한다고 하여도 2004년까지 등록된 23,090대의 15% 내외에 머무릅니다. 나머지 85%는 우리 주위에서 계속 미세먼지를 내뿜겠지요. 노후 경유차처럼 조기폐차도 하고, 전체 목표대수를 등록대수의 30% 정도로라도 더 늘릴 수는 없을까요?

건설기계 저공해 조치가 제대로 성과를 내려면, 건설기계의 소유자보다는 건설기계를 사용하는 '사업장'을 주요 정책 대상으로 삼아 관련 규제와 지원 방안을 수립하는 게 더 효율적일 수 있습니다. 이를 위해서는 각종 사업장에서 운행되는 건설기계에서 배출되는 미세먼지를 비산먼지 규제 대상에 포함시키는 게 필요합니다. 환경부는 2차 기본계획에서 정부발주 공사에 저공해화가 완료된 건설기계를 사용토록 하고, 민간발주 공사까지 확대하는 방안을 마련한다고 하는데, 어떤 정책수단으로 할 건지가 불명확합니다.

우선은 대기환경보전법 제43조(비산먼지 규제)를 활용할 수 있습니다. 현재 대기환경보전법의 비산먼지 규제 대상에는 미세먼지가 포함되어 있지 않습니다. 그런데 이 법에서는 비산배출되는 먼지를 비산먼지라 하여 "비산먼지를 발생시키는 사업으로서 대통령령으로 정하는 사업을 하려는 자는 환경부령으로 정하는 바에 따라 해당 지자체장(특별자치시장·특별자치도지사·시장·군수·구청장)에게 신고하고 비산먼지의 발생을 억제하기 위한 시설을 설치하거나 필요한 조치를 하여야 하며, 지자체장은 사업자에게 비산먼지의 발생을 억제하기 위한 시설의 설치나 조치의 이행 또는 개선을 명할 수 있고, 이를 이행하지 아니하는 자에게는 그 사업을 중지시키거나 시설 등의 사용을 중지 또는 제한하도록 명할 수 있다"고 하여 비산먼지를 줄이는 강력한 권한을 부여하고 있습니다. 해당 법의 하위 법령에서 발생을 억제해야 하는 비산먼지에 미세먼지를 포함시키면 일정 이상의 미세먼지를 배출하는 사업장에서 가동되는 경유차와 건설기계의 내연기관에서 배출되는 미세먼지를 규제할 수 있습니다. 2014년 2월에 발표한 환경부 비산먼지 관리매뉴얼에서 비산먼지에 미세먼지와 초미세먼지를 포함시켰으나, 정작 대기환경보전법이나 시행령, 시행규칙상 사업장 관리 방침에는 경유차나 건설기계에서 배출되는 미세먼지를 언급하지 않고 있습니다.

공사장 건설기계에 대해 강력한 저공해 조치를

환경부의 미약한 건설기계 저공해 조치와 비교하여 최근 서울시의 발표는 관련 정책의 좋은 모범을 보여주고 있습니다. 서울시는 2017년 8월부터, 자체 발주한 150여 개의 공사장(건축공사 87개, 도로공사 50개, 지하철공사 13개)에서 저공해 조치를 완료한 건설기계만 사용할 수 있도록 하면서 건설기계 의무화 공사장을 향후 공공부문으로 확대 시행할 예정이라고 발표했습니다. 이를 위해 건설공사 계약 시 '서울특별시 공사계약 특수조건'에, 건설공사장 내에서는 저공해 건설기계(덤프트럭·콘크리트 펌프트럭·콘크리트 믹서트럭·굴삭기·지게차)를 사용하도록 계약조건을 변경하며 현재 진행 중인 건설공사는 다음 계약 시 특수조건을 부여할 계획이라고 합니다. 이와 함께 공사 중, 2004년 이전 등록된 노후 건설기계를 사용하면 해당 공사업체에 차기 입찰 시 벌점을 부과하는 등 불이익을 준다고 한다니 서울시가 발주하는 건설공사 현장에서는 앞으로 저공해 조치가 되지 않은 노후 건설기계가 점점 없어지고 미세먼지 배출도 줄어들 것으로 기대합니다.

대도시 공사장에서 운행 중인 건설기계가 배출하는 미세먼지는 바로 근처에 많은 시민들이 거주하고 있어서 인체 위해도가 높습니다. 주택가에서 멀리 떨어진 야산에서 가동 중인 굴삭기가 배출하는 미세먼지와 주택가 옆 공사장에서 작동하는 굴삭기가 배출하는 미세먼지가 같은 양이라고 하더라도 어떤 게 인체에 더 해로울까요? 시민들의 건강을 위하여 더 과감하고 강력한 대책을 서울시처럼 수립하여 집행하여야 합니다.

자치구의 법적 책임과 권한 강화

대기환경보전법에서 정한 경유차 저공해 조치의 주체는 특별시장·광역시장·특별자치시장·특별자치도지사·시장·군수입니다(제58조). 이에 따라 특별시나 광역시의 기초자치단체장인 구청장은 법적 주체가 아닙니다. 서울시로 보면 자치구 인구가 50만이 넘는 곳이 많고 등록된 경유차도 웬만한 시나 군보다 훨씬 많지만 저공해 조치의 주체가 아니라는 문제가 생깁니다. 공해차량제한지역LEZ이나 자동차 운행 제한을 위한 차량부제 적용 지역의 설정에서도 구청의 권한과 책임을 강화할 필요가 있습니다. 비산먼지의 규제 주체는 특별자치시장·특별자치도지사·시장·군수·구청장으로 되어 있는 반면에 미세먼지 저감 정책에서 구청장이 제외되어 있는 것도 이 정책의 성공적 수행을 막는 한 요인이라고 하겠습니다.

정치 상황은 한 치 앞을 알 수 없긴 하지만, 더불어민주당의 정책은 이후 국정에서 미세먼지 대책이 어떻게 변할지 예측하기 위해서라도 살펴볼 필요가 있습니다. 더불어민주당이 내놓은 2016년 6월 29일자 미세먼지 저감 종합 대책 중 '2.2 경유차 미세먼지 저감 대책'에 대해서만 자세히 이야기를 드려보겠습니다.

경유차 미세먼지 저감 대책

▶ 에너지상대가격(휘발유:경유:LPG)을 조정하기 위한 논의를 시작

○ '교통에너지환경세'의 변경으로 발생하는 추가 세원은 저소득층 친환경차(천연가스·하이브리드·전기차) 구입 시 차량 가격(소형버스·푸드트럭) 일부 및 연료비 지원, 노후 경유차 폐차 지원 및 신차 구입 시 부가가치세 감면 재원으로만 사용.

▶ 박근혜 정부가 추진했던 경유택시보급 정책 폐기

※ 박근혜 정부는 2015년 9월부터 경유택시에도 화물·버스 수준(345.54리터)의 유가 보조금을 지급하는 '택시산업 발전 종합대책'을 2013년 12월 30일 발표함으로써 1급 발암물질을 내뿜는 경유택시 도입

을 확정한 바 있음.

※ 국토부가 2014년 12월 15일 '여객자동차 유가 보조금 지급지침'을 개정해서 여객자동차 유가 보조금 지급 대상에 경유택시를 포함시켰음.

▶ '친환경차 협력금 제도' 실시

○ 미세먼지 과다 발생 승용차량 구매자에게 부담금을 거두어 미세먼지 저발생 승용차량 구매자에게 보조금을 지원함으로써 국가 재정 부담을 완화하면서 미세먼지 저감 실현.

※ 전체 차량에 대한 미세먼지와 질소산화물 배출량 확인 후 시행.

▶ 디젤 매연 저감 프로그램 추진

○ 민생사업자인 화물자동차·특수자동차의 폐차 지원을 위하여 노후 차량 폐차 이후 신차 구입 시 부가가치세 면제 지원 신설.

※ 현재 대기관리권역인 서울·경기·인천의 경우, 2005년 12월 31일 이전 등록된 차량에 대하여 노후 경유차량 폐차 지원금을 차량기준가액의 85~110%별로 차등화하여 지자체별로 지급하고 있음.

○ 현행 조세특례제한법(제109조의 2)은 1999년 12월 31일 이전 등록된 승용·승합·화물·특수자동차의 폐차·양도 이후 신차 구입에 대한 개별소비세(차량구입가액의 70%) 감면 지원을 차량연차량 연수 10년을 경과한 노후 차량인 2006년식까지 확대.

○ 미세먼지 발생량 순위 중 2번째로 높은(56,345톤) 노후 화물차, 건설기계 배출가스 관리 강화(제작차 실운행 조건에 질소산화물 기준 도입 등 추진).

'에너지상대가격을 조정하기 위한 논의 시작'은 2016년 6월 30일 정부가 확정한 '미세먼지 특별대책 세부이행계획' 중 하나로서 4개 국책연구기관(조세재정연구원, 환경정책평가연구원, 교통연구원, 에너지경제연구원)이 2016년 7월부터 1년간 공동연구하고 있는 에너지상대가격 조정 방안과 같은 맥락입니다. 세부안으로서 교통에너지환경세로 변경하여 이를 친환경차 보급이나 노후차 조기폐차 지원을 위한 재원으로만 쓰겠다는 계획은 긍정적으로 보입니다.

경유택시보급 정책 폐기는 매우 필요합니다. 정부나 새누리당(현 자유한국당)에서도 이미 폐기하자는 공감대가 형성되어 있습니다. 더구나 적정 수량의 판매 가능성이 낮아서 경유택시 신차가 지금까지 나오지 않고 있고 앞으로도 나오지 않을 듯합니다.

'친환경차 협력금 제도 실시'는 정부가 대기환경보전법상에 명시했으나 산업계 반대로 보류시켰던 '저탄소차 협력금 제도'를 대체하는 제도입니다. '미세먼지와 질소산화물' 배출량에 연동한 부담금과 보조금을 자동차에 부과하자는 것으로 무척 긍정적입니다. 실행과정이 쉽지는 않겠으나 환경비용의 내재화와 오염자부담 원칙이라는 점에서 좋습니다. 다만 왜 승용차에만 하자고 하는지 궁금합니다.

'디젤 매연 저감 프로그램 추진'에서는 화물자동차·특수자동차를 소유한 민생사업자가 노후차 폐차 후 신차 구입 시 부가가치세 면제 지원을 한다는 점이 눈에 띕니다. 부가가치세는 차 값 전체에서 10/110에 해당하니 면제 지원 시 효과가 크겠으나, 사업자의 경우 상용차인 화물자동차·특수자동차를 살 때 납부한 부가가치세가 매입부가세에 해당하여 이미 면제를 받고 있다는 점에서 효과가 적을 수 있습니다.

개별소비세 감면제도를 적용 대상을 확대하여 '2006년 말 이전 자동차의 폐차 또는 양도' 시에 적용하자고 하는 것은 논란의 여지가 있습니다. 이 제도는 1999년 당시 금융위기를 극복하기 위하여 신차 판매를 촉진하려는 목적으로 마련된 제도였습니다. 문제는 오래된 차량을 폐차하는 게 아니라 양도하는 경우에는, 오염물질을 많이 내뿜는 노후 차량이 계속하여 도로를 운행하게 된다는 점입니다. 즉, 노후 차량이 내뿜는 오염물질을 줄일 수 있는 제도가 아닌데도 저감 대책에 들어가 있다는 건 매우 부적절한 것입니다. 따라서 박근혜 정부 하에서 추진된 방식대로 2006년 이전 경유차 '폐차 후'에만 신차 구매 시 혜택을 주는 방향으로 수정되어야 합니다.

마지막 세부대책에서 노후 화물차와 건설기계 배출가스 관리 강화는 화물차의 차령 제한과 노후 건설기계 조기폐차 실시로 보완하면 좋겠습니다. 실운행 조건에 질소산화물 기준을 도입하는 것은 이미 정부가 2017년부터 추진하겠다고 공표하였습니다.

| 닫는 글 |

어린 시절 두더지 게임을 해보았던 생각이 납니다. 여기 때리면 저기서 튀어나오고, 저기 때리면 여기서 튀어나오는 두더지들이 얼마나 얄미운지 정말 세게 내려치곤 했었습니다. 요즘 미세먼지에 대한 사회적 관심이 높아지는 걸 보면서 환경문제에 대한 현대사회의 대응이 마치 두더지 게임과 같다는 생각이 듭니다.

대기오염 문제는 한동안 옛날 문제 정도로만 여겨졌습니다. 환경단체들도 다른 문제들에 매달려 있었고, 시민들의 관심도 덜했습니다. 젊은 청년들에게 대기오염이라는 말은 교과서에서 배운 산업시대 초기 런던의 스모그나 몇십 년 전 LA의 광화학 스모그가 떠오를 정도로 먼 옛날의 이야기가 되었습니다. 환경문제 하면 떠오르는 새로운 문제들을 돌고 돌아 다시 한 번 대기오염이 문제가 되고 있습니다. 물론 더 작고 더 은밀하게 위험한 형태로 말입니다.

환경문제에 대한 대중적인 관심과 환경문제의 심각성이 비례하는 것은 아닙니다. 어떤 환경문제가 주목을 받는가는 여러 가지 상황과 우연이 겹쳐져 결정됩니다. 앞서도 보았지만 미세먼지 농도와 언론 보도 건수 사이에는 큰 차이가 있습니다. 이 책에서는 주로 미세먼지에 대한 이야기를 많이 다루었지만, 대기오염 문제는 복잡 다양한 물질들이 섞여서 발생합니다. 미세먼지는 새롭게 주목을 받고 있지만, 예전에 관심을 많이 끌었던 오존은 여전히 심각하지만 그만큼 주목받지는 못하고 있습니다.

3장에서 정부가 취해야 할 다양한 정책에 대해서 이런저런 이야기를 했습니다. 화력발전소를 줄여야 합니다. 오래되어 낡은 자동차, 특히 경유자동차를 얼른 더이상 돌아다니지 못하게 해야 합니다. 굴삭기 같은 건설기계는 더욱더 심각한 상황이지만 대처가 미흡하니, 더 실효성 있는 정책을 내놓을 필요가 있습니다. 미세먼지 고농도 등 비상상황에서는 긴급한 대책을 시행해야 합니다. 차량 2부제나 석탄화력발전소 비상정지(및 LNG발전소 가동) 같은 걸 말입니다.

이렇게 이야기하면 시민에게 남은 몫은 크게 없어 보입니다. 마치 정부에게 다 해달라고 요구만 하면 될 것 같습니다. 하지만 이렇게 구체적 대책과 함께 조금 더 시야를 넓혀 추상적으로 보이는 이야기를 드리려 합니다.

우리의 일상생활에 대한 이야기입니다. 결국 미세먼지도 우리가 소비하는 물품을 생산하고, 우리가 더 빠르게 이동하고, 우리가 더 편히 많은 전기를 쓰는 과정에서 만들어집니다. 이건 마치 두더지 게임과 같습니다. 더 많이 소비하는 경제 속에서 오염물질은 다양한 형태로 계속해서 배출됩니다. 황산화물이다, 질소산화물이다, 먼지다, 이렇게 콕 집어 오염물질 배출을 저감하는 구체적인 정책은 당연히 필요합니다. 하지만 계속해서 생산 자체가 너무 많다면 아무리 오염물질 배출 수준을 낮추어도 그 양이 어마어마할 수밖에 없습니다. 저감장치도 어느 수준 이상이면 너무나 비싸져서 경제성도 없습니다. 여기에 더해 미세먼지 같은 것은 이전에는 잘 알지 못했던 부분입니다. 아무리 오염을 줄이고 여러 고려를 미리 한다고 해도 잘 알지 못했던 문제가 계속해서 생겨납니다.

환경문제는 복합적으로 나타나기도 합니다. 경유차에서 미세먼지 배출을 줄이려 하다 보면 질소산화물이 늘어나기도 합니다. 혹은 연비가 좋지 않아져 같은 거리를 움직여도 더 많은 온실가스가 배출되기도 합니다. 더 많이 쓰면서도 모든 환경문제를 다 해결할 수 있는 마법의 대책은 없습니다. 어떤 수준 이상이 되면 양 자체를 줄이는 게 궁극적으로 필요합니다.

이를 위해서는 개인적으로 차를 적게 타거나, 대중교통을 이용하거나, 전기를 아끼거나, 소비를 줄이거나 등등 다양한 방식으로 실천할 수 있습니다.

또 하나, 여기에 더해 절실한 행동은 조직적으로 모여서, 이렇게 환경을 위해 살면 더 혜택받을 수 있는 사회를 만들려는 실천입니다. 개인적으로 실천을 하다 보면 경제적으로도 손해인 경우가 많고, 사회 전체가 더 많이 쓰는데 이런 일을 왜 해야 하나 의욕이 떨어지기도 합니다. 하지만 조직적인 행동으로 환경을 위해 움직이면, 더 혜택을 받는 제도를 만들어 나가면, 개인도 사회 전체도 자연도 혜택을 받아나갈 수 있습니다.

자신의 정견에 맞는 정당에서, 자신의 마음을 움직이는 시민단체를 후원하고 거기서 활동하면서, 미세먼지도 줄이고 다른 대기오염물질이나 온실가스도 줄일 수 있는 대책을 요구해야 합니다. 예컨대, 차량 2부제나 대중교통 확충 등 도심에서 미세먼지를 당장 더 많이 줄일 수 있는 대책에 대해서도 정당과 정치인이 과감하게 시도할 수 있도록 지지를 보내야 합니다. 당장 화력발전소를 끄라고, 돈을 더 내더라도 풍력이나 태양광같이 미세먼지를 내뿜지 않는 전기를 살 수 있게 해달라고 소리 높이고 떠들어야 합니다.

미세먼지를 줄이는 일은 어쩌면 사회 전체를 바꾸고 우리 삶 전체를 바꾸는 어려운 일일 것입니다. 심지어는 중국, 몽골, 대만, 한국, 일본 등 동북아시아 전체가 함께 협력하고 이야기 나누어야 할 문제이기도 합니다. 대기는 모두 연결되어 있고, 먼지도 조금씩 나누어 마시니까요. 미세먼지에 대해 경각심을 가지고 미세먼지를 줄이려는 노력이, 나를 바꾸고 우리 사회를 바꾸어 나가는 더 많은 행동으로 이어질 수 있다면 좋겠습니다.

PM10, PM2.5의 위험성과 대책

굿바이! 미세먼지

초판 1쇄 발행 2017년 4월 10일
초판 2쇄 발행 2017년 7월 3일

지은이 남준희 · 김민재
펴낸이 오은지
편집 변홍철 · 이호흔
표지디자인 박대성
펴낸곳 도서출판 한티재 | 등록 2010년 4월 12일 제2010-000010호
주소 42087 대구시 수성구 달구벌대로 492길 15
전화 053-743-8368 | 팩스 053-743-8367
전자우편 hantibooks@gmail.com | 블로그 www.hantibooks.com

ISBN 978-89-97090-68-6 04300
ISBN 978-89-97090-40-2 (세트)

책값은 뒤표지에 있습니다.

이 도서의 국립중앙도서관 출판예정도서목록(CIP)은 서지정보유통지원시스템 홈페이지(http://seoji.nl.go.kr)와 국가자료공동목록시스템(http://www.nl.go.kr/kolisnet)에서 이용하실 수 있습니다. (CIP제어번호: CIP2017005974)